LES QUATRE SAISONS

8°Ye

1

DU MÊME AUTEUR

STUART MERRILL

Les

Quatre Saisons

— POÈMES —

PARIS

SOCIÉTÉ DV MERCVRE DE FRANCE

XV, RVE DE L'ÉCHAVDÉ-SAINT-GERMAIN, XV

MCM

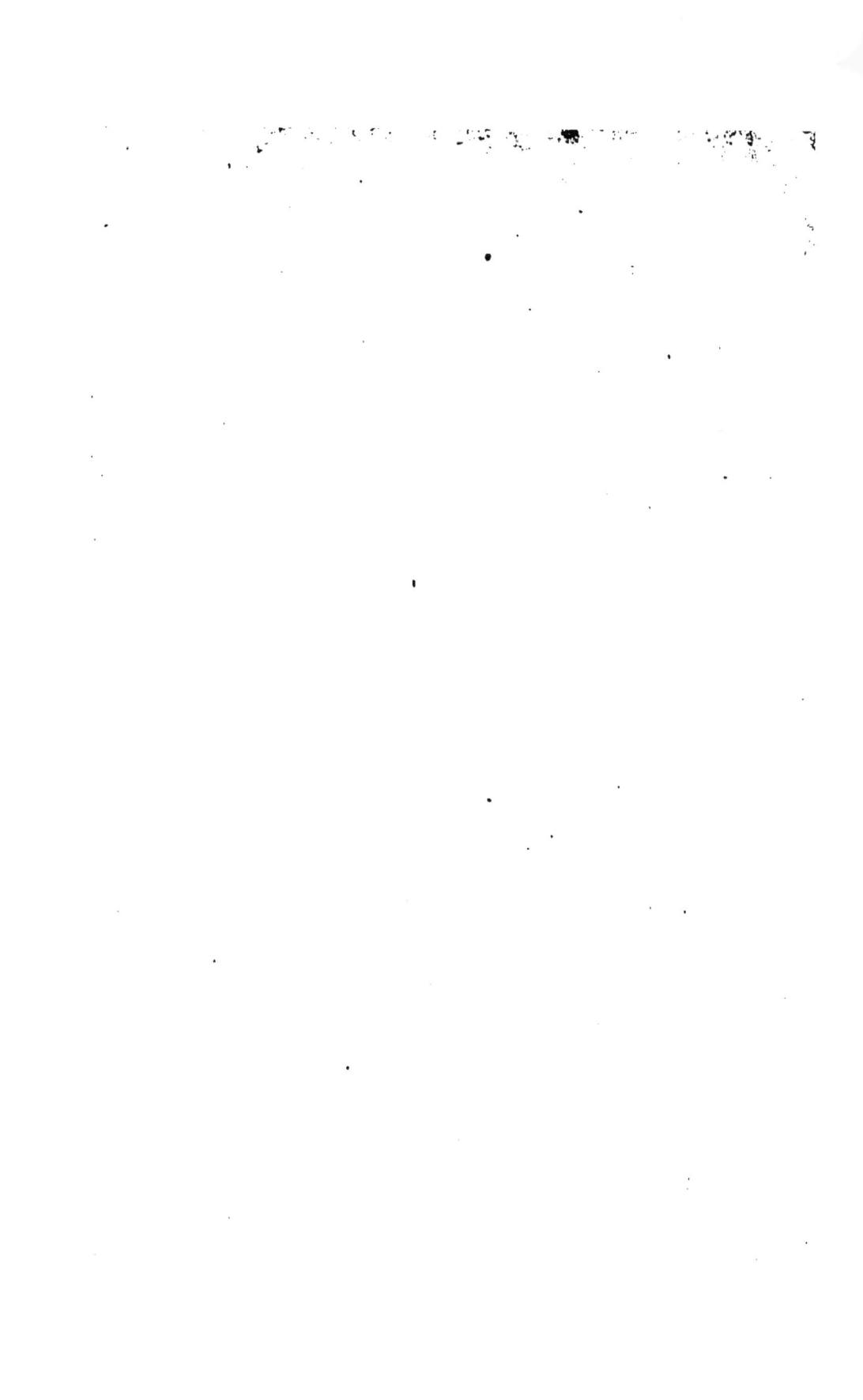

STUART MERRILL

—

Les

Quatre Saisons

— POÈMES —

PARIS

SOCIÉTÉ DV MERCVRE DE FRANCE

XV, RVE DE L'ÉCHAVDÉ-SAINT-GERMAIN, XV

—

MCM

IL A ÉTÉ TIRÉ DE CET OUVRAGE

Dix exemplaires sur papier de Hollande,
numérotés de 1 à 10

JUSTIFICATION DU TIRAGE :

A

FRANCIS VIELÉ-GRIFFIN

PRINTEMPS

OFFRANDE

Les enfants de la France dansent et chantent des rondes
En la saison des neiges comme en la saison des fleurs.
Qu'il vente, qu'il pleuve ou qu'il tonne par le monde,
Que les hommes soient en sang ou les femmes en pleurs,
Les enfants de la France dansent et chantent des rondes.

Sur le pont d'Avignon, chantent-ils, ou *gai la Marguerite*,
Au fond des maisons rouges dont le toit fume l'hiver
Et des blanches au seuil desquelles la cigale crépite.
Que la saison qui passe roule la flamme ou le fer,
Sur le pont d'Avignon, chantent-ils, ou *gai la Marguerite*.

Les pommes sont roses et les olives grises,
La Garonne rugit et la Seine sourit,
Mais la même chanson, au mistral comme aux brises,
S'envole de la France, du Nord comme du Midi.
Les pommes sont roses et les olives grises.

Cheveux blonds, cheveux noirs, sabots ou sandales,
Les bambins chantant haut la grâce du doux pays
Font sonner de leurs danses les mottes et les dalles,
A la ville ou aux champs, en tourbillons réjouis,
Cheveux blonds, cheveux noirs, sabots ou sandales.

Notre mère la France, acceptez cette offrande :
Notre amour du pauvre, notre haine du tyran,
L'épée pour qui commande, le pain pour qui demande,
Et pour mieux vous chanter, les rondes de vos enfants.
Notre mère la France, acceptez cette offrande!

CONSEIL D'AMOUR

Reviens, ô toi, des cavalcades et des batailles,
Et laisse choir tes étendards en loques dans le crépuscule :
Tu es las, ce soir, de la guerre et de ses représailles
Et de la hache du bourreau que le sang des pauvres macule.

Reviens à la petite maison blanche au fond de la vallée
Dont la cheminée fume vers le ciel plein de cloches.
Ecoute : l'amante est là qui chante dans la véprée
En puisant l'eau lustrale à la fontaine proche.

Bois-la, la coupe qu'elle te tendra sur le seuil,
De ses mains un peu pâles d'avoir tissé des voiles,
Dans la chambre du secret, pour en vêtir son deuil
Qui te pleura sous tant de soleils et d'étoiles.

Tu es blessé : il faut que tu sois sage comme la nature
Et que tu écoutes à la fenêtre la chanson des oiseaux
Et le travail des abeilles autour des fleurs mûres
Dans le petit enclos où l'on entend rire un ruisseau.

Puis laisse-toi dormir sur le sein de la seule
Qui sache les paroles pour enchanter ta peur ;
Ta sœur sera miséricordieuse comme une aïeule
A ta douleur d'enfant prodigue qui prie et pleure.

Ose espérer que demain sera jour de repos
Où des fermes, des bergeries et des labours
Les travailleurs viendront, des bluets aux chapeaux,
Chanter en chœur autour du Christ du carrefour.

Quelque matin, quand tu te sentiras l'âme plus forte,
Tu baiseras sur ses yeux clos ton Amante qui dort,
Et refermant sur elle et sur ton bonheur la porte,
Tu reprendras le chemin où te guetta la mort.

Et cette fois, sans épée ni cuirasse, tu iras vers les villes,
Ouvrant large les bras comme celui qui sème,
Bénir les hommes mauvais et les femmes viles
Que tu appris à aimer par pitié pour toi-même.

Tes étendards ne se dresseront plus aux poings des hommes de deuil,
Et le bourreau voudra te tuer quand dormira l'armée :
Mais l'Amante, aux nuits de péril, priera pour toi sur le seuil
De la petite maison blanche au fond de la vallée.

PAIX

Tremblement des bannières de pourpre dans les batailles,
Hennissement convulsif des chevaux cabrés sous les lances,
Hurlement des clairons aux poings de la Rage qui s'élance,
Regards blancs, dans la mêlée, de ceux qui défaillent,

Et ces tas de cadavres, les doigts crispés aux armes, par la plaine,
Où le canon, voix même de la mauvaise destinée, tonne,
Et la honte du soleil d'été ou le deuil des pluies d'automne
Sur ces charniers d'où la mort exhale sa noire haleine,

Arrière, ô cauchemar du sommeil de la Terre !
Car ce printemps fait éclore au sein, rosé des mères
La bouche des petits enfants qui doucement crient,

Et de la vallée aux lacs luisants à la montagne, source des eaux,
Voici, parmi les brises et les ailes légères des oiseaux,
Sonner, battant comme des cœurs, toutes les cloches de la Vie !

RETOUR

Cher village aux toits rouges qui fument,
Ce soir, dans la douceur de la brume,
Nous revenons à l'appel du clocher
Qui éparpille ses oiseaux légers
Dans le val au bord de cette rivière
Où jadis, à genoux, nous bûmes
L'oubli de la vieille amertume.

Pèlerins de la ville étrangère,
Nous demandons l'aumône de la paix

A ton enclos dont les ombreux cyprès
Longent la route où se taisent les enfants,
A tes maisons où s'endorment les vieux
Quand les gas et les filles sont aux champs,
A tes bois où nous sûmes le mieux
Que la terre est bonne comme une mère.

Et l'heure est celle de la prière.

Nous avons cru à la promesse des villes
Comme les fous que nous fûmes. Mais les hommes
Ont ri de nos naïfs espoirs, et nous sommes
Plus sages à cause qu'ils furent vils.
Nos pas las ont assez butté
— Que de nuits et de nuits ! — aux pavés
Des sept carrefours où la Folie
Siffle à lèvres gonflées dans ses flûtes.
Mais à cette heure oublions que vous voulûtes,
Seigneur, que notre coupe fût lourde de lie.

Ici la rivière coule pour nous,
Limpide comme un rêve de vierge,
Sous les saules qui pleurent sur ses berges
Et les nénuphars qui tremblent à ses remous.
Fille des lointaines fontaines,
Elle chante en la solitude des plaines
Où l'ombre est sonore de clarines,
Le retour des troupeaux à leurs toits
Tapis sous la mousse et la chaumine.

O sœur, à genoux, et abreuve-toi
D'abord, puis, dans la coupe pâle de tes mains
Laisse-moi boire l'onde froide de l'oubli.

Le son des cloches va mourir dans la nuit,
Et les oiseaux soucieux de demain
Revolent sous la lune à tire d'aile
Vers le clocher, et même la rivière
Semble lente du sommeil de la terre.

Crie, ô sœur, au village fidèle
Que nous revenons, tels que nous fûmes,
Vers ses toits rouges épars dans la brume.

Ah! l'oubli de la vieille amertume!

LA MAISON SOLITAIRE

C'est ici la maison de douce solitude
Dont le vantail de bois ne s'entr'ouvre, discret,
Comme à l'appel de Dieu, qu'au cri d'inquiétude
Du vagabond venu du fond de la forêt.

C'est ici la maison dédiée à l'étude
Où la lampe allumée à l'heure du secret
Éclaire les feuillets que ma béatitude
Livre au leurre du temps sans remords ni regret.

C'est ici la maison qui te vit apparaître,
O charmeuse qui sus, avec des mots d'amour,
Faire fleurir la rose au bord de la fenêtre.

C'est ici la maison d'un trop tardif séjour
Où l'on ne m'a pas dit qu'en un soir de désastres
La Ville avait hurlé ses chants de mort aux astres.

IMPRESSION DE PRINTEMPS

Le village, frileux sous ses toits de vieux chaume,
S'ouvre, ce bleu matin, aux désirs du printemps.
Cœurs et fleurs vont éclore au ciel qui s'en embaume.
C'est un jour où partout les hommes sont contents.

Le blé vert a percé sous la dernière neige,
La violette est née au fond des bois anciens,
Le lilas va fleurir sous le doux sortilège
Des soupirs d'amoureux que le vent mêle aux siens.

L'on a mis des rubans à l'arbre de l'auberge
Qui résonne gaiement du rire des buveurs.
Les enfants sont partis prier la Sainte Vierge
En ce bon renouveau qui rend leurs yeux rêveurs.

Et des cages d'oiseaux, de fenêtre à fenêtre,
Amusent les vieillards qui goûtent le soleil,
En écoutant, béats de ce tiède bien-être,
Ronronner à leurs pieds les chats lourds de sommeil.

RENOUVEAU

Les cloches de la vie sonnent dans la montagne,
Le vent secoue comme un sanglot d'amour les jeunes vergers,
Et mon âme tressaille au présage des oiseaux légers
Qui volent à cris aigus dans le crépuscule de la campagne.

Les petits ruisseaux se sont chuchoté mille secrets
Sous les trembles et les saules et parmi leurs mille roseaux,
Avant de se confondre, futurs nuages, dans les eaux
Du fleuve qui coule sans bruit vers la mer des regrets.

Le miracle des blés fait chanter haut l'espoir
Qui dormit tout l'hiver au cœur des vieux semeurs ;
L'on entend dans les sillons remuer des nids jaseurs ;
C'est Pâques des fleurs, c'est Pâques des vies, ce soir !

Que veulent donc me dire la terre, l'air et l'onde
En ce printemps où je voudrais mourir pour mieux revivre ?
Le Dieu caché me murmure-t-il — comme au poète ivre
Qui dort sur le chemin — le secret de ce monde ?

O des baisers de femmes, de flammes et d'abeilles sur mes lèvres !
Donner l'essor à mes prières comme à un tourbillon d'oiseaux !
Laisser s'épandre tous mes désirs au gré du val comme les ruisseaux !
Refleurir, âme et chair, dans les tiges que fait trembler la sève !

O Dieu qui te révèles par la lumière qui comme une ombre t'accompagne,
Je veux mourir en toi pour renaître supérieur à moi.
Un peu de sable a coulé comme de l'or entre mes doigts.
Les cloches de la mort sonnent dans la montagne.

SOLITUDE

On dit que des rois morts ont foulé ce sentier
Qui mène au banc de pierre où nous aimons nous asseoir,
Alors que sur la solitude tombe la paix du soir
Et que nos cœurs sont pleins de chants muets, comme des psautiers.

De ce rocher on vit, sous les fanfares de la conquête,
La plaine se hérisser soudain d'épis de fer,
Et des multitudes, revenues des étés et des hivers,
Rouler comme un fleuve rouge vers la grande ville en fête.

Mais ni la chevauchée ensoleillée sous les bannières,
Ni le doux tonnerre des tambours dans le printemps,
Ni le cri des clairons dressés en corolles d'or,

Ne valent ce silence où notre fatigue s'endort,
Et la caresse des ombres qu'entremêlent les vents
Et la minute éternelle de notre baiser, cette prière !

LA BONNE PLUIE

C'est la pluie, comme un frais pardon, .
Sur la route qui poudroie au soleil,
Et parmi les jardins de ce printemps vermeil,
C'est le tintement clair des gouttes qui font
Des ronds dans l'eau glauque des citernes.

Sur les collines les nuages roses cernent
Amoureusement le léger horizon
Comme des lèvres humides d'anges.

Et le passant chante sur la route,
Car cette pluie ne laissera pas de fange
Au carrefour où hésite son doute,
Et le laboureur pousse la charrue,
Le dos rond sous la chaude averse
Qui fait gonfler les mottes drues,
Et le malade auprès de la fenêtre,
Que le bruit de l'eau dans les arbres berce,
Sent l'âme en sa chair renaître.

C'est la bonne pluie bénie de Dieu
Qui rafraîchit la nuque du vagabond,
C'est la bonne pluie du paradis des cieux
Qui féconde l'œuvre du tâcheron,
C'est la bonne pluie qui fait rire les yeux
De ceux qui savent qu'ils mourront.

Et voici le signe de l'arc-en-ciel
Sur les maisons jaunes du village,
D'où les enfants, avec des corbeilles,

3.

Sortent ensemencer, graves et sages,
Les jardinets où butineront les abeilles.

Et sous le signe de l'arc-en-ciel,
Chantant les floraisons proches,
Sonnent au crépuscule les cloches.

PLEIN AIR

La mère étend des linges dans la cour
En chantant une chanson d'amour,
Le père bêche, les poings durs, au jardin,
En souriant aux clairs lendemains.

Un oiseau sous le lierre ne cesse
Ses trilles qui perlent comme la pluie,
Et l'on entend, sous la corde qui la blesse,
Grincer la poulie du puits.

C'est le paisible labeur au soleil
Dans l'enclos de la petite maison
Où moururent, vieux enfants qu'on veille,
Tant d'aïeux au son des oraisons.

Soudain, en crispant les mains,
Le nouveau-né se réveille à la faim
Dans son berceau que la brise balance
Comme une nourrice murmurant une romance.

Et la mère qui lave dans la cour
Cesse, pensive, sa chanson d'amour,
Et le père qui bêche au jardin
Fronce le front aux soucis de demain.

ENTERREMENT

Venez avec des couronnes de primevères dans vos mains,
O fillettes qui pleurez la sœur morte à l'aurore.
Les cloches de la vallée sonnent la fin d'un sort,
Et l'on voit luire des bêches au soleil du matin.

Venez avec des corbeilles de violettes, ô fillettes
Qui hésitez un peu dans le chemin des hêtres
Par crainte des paroles solennelles du prêtre ;
Venez : le ciel est tout sonore d'invisibles alouettes.

Laissez vos brebis paître seules, là-bas, au pré,
Où le chien noir hérisse son poil sous le collier ;
Personne aujourd'hui ne viendra du hallier
Ravir l'agneau qui bêle au bord fleuri du gué.

C'est la fête de la mort, et l'on dirait dimanche,
Tant les cloches sonnent douces au fond de la vallée.
Les garçons se sont cachés dans les petites allées ;
Vous seules devez prier au pied de la tombe blanche.

N'ayez pas peur du silence soudain du cimetière.
Les morts sont bien morts ; seules l'herbe et les fleurs
Perpétuent le secret renaissant des cœurs
Qui ont cessé de battre aux baisers de la chair.   .

Dites-vous qu'elle est bien morte, vos petites mains jointes,
Quand vous aurez vidé vos corbeilles sur sa tombe ;
Vos yeux sont du printemps sous vos cheveux qui tombent,
Vos voix sont des oiseaux dans vos gorges contraintes.

Puis retournez garder les brebis près du gué
Où l'eau fuit, toujours la même et sans cesse écoulée.
N'écoutez plus le glas des cloches dans la vallée,
Car vous êtes la vie que la jeunesse égaie.

Quelque année, les garçons qui se cachent aujourd'hui
Viendront vous dire à toutes la douce douleur d'aimer,
Et l'on vous entendra, autour du mât de mai,
Chanter des rondes d'enfance pour saluer la nuit.

CHANSON

Je ne sais pas pourquoi mon cœur
Est triste comme un tombeau vide
Sous cette aube où la joie avide
Chante avec la vie ivre en chœur.

Quand donc finira cette route?

J'ai ri, comme un enfant, trop fort,
Lorsque du seuil des maisons closes
J'ai vu qu'on balayait les roses
Avec le geste de la mort.

La poussière a caché la route.

Je crois que je connus jadis
Celle, la seule, qui fut belle,
Et, depuis, mon âme rebelle
Rêve à la fille du roi d'Ys.

L'aube est rose au bout de la route.

C'est ce matin marché aux fleurs
Où chantent les filles fluettes ;
Faut-il, pour de vaines bluettes,
Passer comme un poète en pleurs ?

Quelqu'un va mourir sur la route.

LA TEMPÈTE

Cris des oiseaux dans la pluie et le tourbillon des vents,
Craquement des arbres aux branches tordues par la rafale,
Colère des eaux, remous des blés, silence des cigales,
Et toute la foudre de ce ciel nocturne où mille dieux déments

Semblaient entremêler, chevauchant la tourmente,
La flamme de leurs épées et l'éclair de leurs regards
Dans la bataille dont les échos font mourir, hagards,
Les enfants près des âtres où hurle l'épouvante,

O tempête, tu berças comme une douce nourrice la couche
Où les baisers confondaient nos bras et nos haleines.
C'est à peine si j'ai su que tu ravageais la plaine.

Car je n'ai vu dans les yeux de mon amante que le ciel bleu,
Et son désir brûlait plus haut que l'horreur de tes feux,
Et je respirais tout le printemps sur la fleur de sa bouche.

LA MAUVAISE PLUIE

C'est la pluie sur la contrée
Depuis plus de jours qu'on ne compte ;
C'est la saison où les aïeules chantent
Des légendes au coin de la cheminée.

Les sabots claquent dans les flaques
Au long des routes luisantes
Qui mènent au pilotis du bac
Où la rivière roule, écumante.

Quand donc luira le soleil
Comme un pardon sur nos péchés,
Par les jardins bourdonnant d'abeilles
Et fleurant l'âme des amandiers ?

Le tocsin sonne dans la vallée,
Monotone appel à la mort;
On dit que de belles noyées
Sont passées, venues du Nord.

Allons, au gré fou de notre barque,
Vers les villageois criant secours
Du haut de leurs toits qu'une croix marque
Et dont la fumée s'éteint pour toujours.

Et peut-être verrons-nous Jésus
Sous la blouse d'un pauvre hère
Calmer les flots sous ses pieds nus
Comme la pitié dompte la colère.

C'est la pluie sur la contrée
Depuis plus de jours qu'on ne compte;
C'est la saison où les aïeules chantent
Des légendes au coin de la cheminée.

DANSE NOCTURNE

Nous avons dansé au son du tonnerre,
　　Toute cette nuit et cette aube d'orage,
Dans la salle de bal de l'antique village
　　Que la forêt étreint de mystère.

Les villes sont lointaines au long de la route
　　Qui va d'ici vers le Nord,
Et, sous bois, les ruisseaux qui écument à pleins bords
　　Ont barré les gués à nos doutes.

Il faut donc rester danser comme des enfants,
    Sans souci des astres morts aux cieux,
Au gré des ritournelles du vieux violoneux
    Qui trépigne, comme fou, sur son banc.

Les drapeaux de la porte sont trempés, et nos pas,
    En battant la mesure, laissent leurs traces
De boue sur le plancher sonore que ne lassent
    Ni les gas, ni les cueilleuses de lilas.

Il tonne ! et tes fleurs sont foulées sous mes pieds,
    Et tes yeux dans les miens veulent s'éteindre,
Et nos mains se cherchent mollement, comme pour feindre
    Le désir d'un plaisir dernier.

Mais rions, car l'aurore point enfin sur la fête
    Qui finit, et la pluie cesse déjà
De tinter sur le toit de la tente, et là-bas
    Les sentiers fleurent bon sous les hêtres.

Nous rentrerons ensemble dans le matin vermeil
　　A l'auberge délaissée de la Croix,
Dormir dans les bras l'un de l'autre, et nos voix
　　Chanteront le salut au soleil.

SELON...

Selon que tu chantes ou tu pleures,
Il me semble que je sens des portes
Se fermer ou s'ouvrir dans mon cœur,
O la gaie et la grave qui m'apportes
La rose ou la violette des heures.

Selon les feuilles, les fruits et les fleurs
Dont les Saisons emplissent leurs corbeilles,
Mon amour renaît ou remeurt
Avec la pluie, la neige et le soleil,
Flamme de joie, suaire de deuil, larmes de douleur !

Pluie sur les toits, neige sur les tombes,
Ou soleil sur les lointains labours,
Il faudra qu'un jour la faux tombe
Sur le fil d'or et d'argent de nos jours.
Qu'entends-tu : corbeaux ou colombes?

Qu'importe? Donne-moi la rose ou la violette,
J'en ferai signe de croix sur mon front
Pour que ton souvenir éternel s'y reflète,
Quand ta bouche et tes yeux se faneront,
O rose de mon amour! de mon âme, ô violettes!

LA MAISON AUX ANGES

La maison, cette nuit, est pleine d'anges
Qui sont venus, deux à deux, par le verger
Où les grappes mûrissent pour la vendange,
Frapper à la porte dont le vantail léger
S'est ouvert à leur passage de lumière
Comme une bouche s'ouvre au baiser.

Il y en a qui, debout sous le lierre,
Gardent le seuil du signe de leurs glaives

Luisants comme des croix dans la nuit,
Et d'autres, les bras en l'air, qui sans bruit
Agitent leurs ailes de lente manière
Dans la chambre dédiée aux bons rêves ;
Puis voici les veilleurs des lits
Qui sous leurs lèvres baiseuses d'étoiles
Font fleurir les âmes comme des lys.

Et nous osons à peine dormir,
Tels des enfants à la veille de Noël
Qui attendent que Dieu se dévoile
Dans les miroirs magiques de l'avenir.

Ils chantent, les anges, la vie belle
Parmi les vergers de la paix
Où murmure le travail des abeilles ;

Et leurs mains font des gestes vermeils
Sur le seuil, la serrure et les ais
Des portes qui protègent notre sommeil.

Ils chantent l'amour pour tous,
Pour le vagabond qui saigne sur la mousse
Et le fou qui frappe dans l'impasse ;

Et leurs pieds ailés laissent leur trace
Dans la cendre encore tiède de l'âtre
Où viendra se chauffer le pauvre pâtre.

Ils chantent le secret de toutes choses,
L'âme des astres et l'âme des fleurs,
Dans les cieux violets et les jardins roses ;

Et leurs ailes doucement décloses
Tressaillent comme un souvenir d'ailleurs
Vers le Seigneur des mondes meilleurs.

Et nous osons à peine dormir,
Tels des enfants à la veille de Noël
Qui attendent que Dieu se dévoile
Dans les miroirs magiques de l'avenir.

Mais l'heure est venue de la mort des étoiles,
Et déjà le coq rouge, dans la venelle,
Claironne aux ténèbres le réveil
Du soleil sur les cimes vermeilles.
Écoute : la brise soupire dans les treilles
Comme le souffle d'une amante qu'on veille.
Les oiseaux piaillent au nid, avec,
En s'ébouriffant, de brefs coups de bec ;
Et l'horloge d'or sonne au clocher
L'aube où les servantes tard couchées
Se lèvent en se frottant les yeux.

Retournons donc, simples enfants des cieux,
A la tâche sacrée de chaque jour,
Toi pétrisseuse du pain quotidien
Pour la faim mendiante du prochain,
Moi chanteur des paroles d'amour
Qui font éclore les fleurs bleues du Bien.

Et en puisant l'eau lustrale du puits
Dans le matin où courent les enfants,

Nous verrons, pleurant un instant
La grâce qui fut nôtre cette nuit,
S'en aller deux à deux par le verger,
Messagers de nos prières, les anges
Qui regardent avec des yeux étranges
Quelque chose qui nous est caché.

Sœur, à genoux devant la maison des anges!

ÉTÉ

LE REPAS

Voici, amie, sur la table de sapin blanc
Qu'égaie un pot rustique de roses et de lis,
La jatte pleine de lait et la miche de pain bis
Et la corbeille toute lourde d'amandes et de cerises
Où notre faim mordra bientôt à pleines dents.

C'est l'heure gaie du repas où nous nous volons, comme des enfants,
De bouche à bouche, de bons baisers avec les fruits,
Et c'est l'heure grave du silence des alouettes
Où les cloches, de bourg à bourg, sonnent ensemble midi.

Viens ! J'entends dans la chambre haute ton rire de fillette
Répondre au roucoulement tendre des tourterelles
Qui se rengorgent de désir dans leur cage d'osier.
Viens ! nous nous aimons et la saison est belle.

La porte s'est ouverte sans bruit sur le jardin
Où l'on entend, de corolle à corolle, bruire les abeilles
Comme des âmes butinant le miel béni du Bien.
Une bergeronnette chante sous les capucines vermeilles,
Aiguë et douce, la joie des jours dans les futaies.
Et la paix des nuits, au nid, de soleil à soleil ;
Des fleurs, je crois, vont éclore en nos cœurs,
Et nos paroles seront des oiseaux de bonheur
Qui crieront à plein vol la gloire de cet été.

Je fermerai légèrement les volets verts
Pour que le soleil où la poussière s'irise
Ne blesse pas tes yeux, amie sage
Dont le regard me fait rêver à toute la mer !

La mer ! L'entends-tu par delà le village
Et ses toits roses qui fument, et l'église grise,
Tonner, monotone comme un ancien remords,
Sur la plage où, l'hiver, s'échouèrent tant de morts?

Mais non ! Nous avons oublié jusqu'au nom de l'hiver,
O mon amie aimée qui as tant souffert
Avant d'apprendre à rire dans l'asile de mes bras,
Et à laisser, au long des heures, danser tes pas !

Oh ! tes pieds dans l'escalier, et le bruit de ta robe,
Et cette chanson fleurie au bord de tes lèvres,
Et soudain la porte qui cède, ton geste qui se dérobe,
Et ton baiser livré dans une si jolie fièvre !

Amie, je veux oublier que l'on pleure sur la route
Et que les cloches tout à l'heure sonneront, graves, le glas
Pour une âme qui peut-être n'est pas encore absoute.
Je veux ravir au temps cette minute de bonheur

Et croire que toute la terre est heureuse comme nous.
Viens donc, puisque midi sonne parmi les fleurs,
T'attarder, en faisant ta voix lente et tes regards doux,
A cette table aussi sainte que celle où jadis
Jésus se donna aux hommes.

                              Avec des roses et des lis,
Voici la jatte de lait et la miche de pain bis
Et la corbeille toute lourde d'amandes et de cerises.

CHANSON DE PAQUES

Mon âme est pleine de cloches,
Mon âme est pleine d'oiseaux !
Je vois au miroir des eaux
Trembler les étoiles proches.

Mon âme est pleine d'églises,
Mon âme est pleine de fleurs !
Les enfants oublient leurs pleurs
A chanter parmi les brises.

Mon âme est pleine d'archanges,
Mon âme est pleine d'essors !
J'entends travailler les Sorts
Pour l'espoir secret des granges.

Mon âme est pleine de joie,
Mon âme est pleine de dieux !
Amour, bande-moi les yeux
Pour me guider dans ta voie !

L'INDÉCISE

— Belle, veux-tu venir par les talus des routes
Où la brise, sifflant en son aigu pipeau,
S'amuse à secouer, quand, grave, tu l'écoutes,
Des feuilles et des fleurs au creux de ton chapeau ?

— J'aime mieux m'en aller au bord verdi du fleuve
Regarder l'eau couler sous le pont du château,
Ou bien, en retroussant un peu ma robe neuve,
Cueillir les nénufars frôlant notre bateau.

— Nous irons donc, avant que le jour ne recule,
Ecouter sous l'arceau du pont le chant de l'eau,
Ou ramer tour à tour dans le doux crépuscule
Qui fait que l'onde est rose à l'ombre du bouleau.

— Non, vers le petit bois dirigeons notre course!
J'y connais, murmurant tel Pan dans un roseau
Pour faire rire en rond les nymphes, une source
Où viennent s'abreuver la couleuvre et l'oiseau.

— Viens, je te porterai dans mes bras à ton rêve,
Tout ce feuillage épars où s'effare un ruisseau!
On y sent, de la terre aux fleurs, monter la sève
Et palpiter des nids de l'arbre à l'arbrisseau.

— Si nous montions plutôt au pré de la colline
D'où l'on entend tinter le retour du troupeau,
Et l'angelus sonner, et la vieille berline
Rouler devant l'auberge où se fane un drapeau?

— Courons à la colline où s'allongent les ombres.
Tandis que fumeront les maisons du hameau,
Je te dirai les noms des astres que tu nombres,
Le bras levé, du bout flexible d'un rameau.

—Sont-ce vraiment les présque veut mon cœur en quête,
Ou les bois, ou les eaux où vogue mon bateau ?
Non, mon cœur veut la ville où c'est aujourd'hui fête,
Et les amants qu'on tire à soi par le manteau.

— Tu me fais peur. Mais soit ; allons à la grand'ville
Voir les garçons jouer de l'arc et de l'anneau,
Et les filles danser sous l'archet malhabile
Du vieux violoneux juché sur son tonneau.

— O mauvais amoureux qui ne veux pas comprendre,
Va-t'en ! Ferme la porte et souffle le flambeau.
Je veux pleurer, bien seule et les pieds dans la cendre.
Je n'aurai mon désir qu'en le lit du tombeau.

ÉVEIL

C'est la paix,
C'est toute la paix lente et blanche de ce matin d'automne
Parmi les cloches qui sonnent
Sur la forêt.
Le sommeil hésite encore au bord de tes yeux
Comme la nuit extrême au confin des cieux.
Tiens, voici le don royal du soleil,
Toutes ces fleurs emperlées dont je jonche ton lit,
Au hasard, trop riche de mon butin vermeil.
Et voici, ô mon amante, voici
Les bons baisers qui aident à vivre les forts

Et parfument même les lèvres des morts :
Des baisers sur ta bouche, des baisers sur tes yeux,
Une couronne de baisers à ton front,
Un collier de baisers à ton cou,
Et des bracelets de baisers à tes bras !

Oh[! cette paix où j'entends battre le cœur de Dieu!

Sur la route des enfants roses dansent en rond
Dans le bruit des sabots et de leurs rires doux,
Comme des souvenirs revenus pas à pas
Des années anciennes où l'on allait à l'école
Sous le soleil qui cerclait d'une auréole
Les cheveux blonds des petites amies.
Eveille-toi parmi les baisers et les fleurs,
Et ces danses et ces rires d'enfants,
Et crois-toi un moment, si tu m'aimes, au Paradis,
Le temps qu'il faut pour passer du rêve à la vie,
Et pour se rappeler qu'à la porte peut-être pleure,
En faisant le signe de la croix, un mendiant !

5.

REPOS

Sur la petite place ensoleillée de l'église
Où passe parfois, suivie de son ombre bleue,
Une femme portant un panier de cerises,
Je laisse reposer mon âme lasse des lieues.

Les colombes gémissent sur le toit de l'auberge
Dont la salle sent bon la lavande et le linge frais ;
La servante blonde et rose a l'air d'une vierge
Qui me tend, les bras nus, l'écumeuse tasse de lait.

Il fera bon dormir sur un coin de la table
Près du pot plein de fleurs dont s'effeuillent les pétales,
Comme des pensées de mai, sur ma tête pitoyable
Où s'éteignent peu à peu toute fatigue et tout mal.

C'est comme en rêve le bruit des roues sur la route,
Et les heurts d'un marteau abattu sur l'enclume,
Et le tintement des clarines des bestiaux qui broutent
L'herbe des prés lointains, près du fleuve sans brumes.

C'est ici que je voudrais aimer et mourir,
Comme le chantent les paroles de la vieillotte chanson,
Vivre, aimer et mourir sous l'indulgent sourire
De celle dont les pas sonnent doux dans la maison.

Hélas! pourquoi devoir, pauvre âme indécise,
Gagner la Ville immonde qui souille l'eau de ses berges?
Il a tôt fait de passer, le temps des cerises,
Et les colombes gémissent sur le toit de l'auberge.

SOMNOLENCE

Dormir ! — Les volets sont clos sur le soleil, et que m'importe
L'horloge qui, comme un cœur, bat le rythme du Temps
Dans la maison où c'est peut-être la Mort qui m'attend
Ou l'Amour, cette ombre que j'ai vue entrer par la porte ?

Dormir ! — Dans le bassin du jardin, l'eau en tintant
Fait rêver à des rires de nymphes nues qui apportent
Des fruits plein les mains à leurs compagnes mi-mortes
D'avoir trop baisé la chair chaude du Printemps.

Pourtant un pas furtif glisse dans le couloir
Et une main prudente cherche à pousser l'huis.
Mais, seul, je veux être roi du silence et du soir.

Dormir! — Aux vitres vibre le vol des mouches. — Que m'importe
Que ce soit la Mort frappant si doucement à la porte
Ou l'Amour qui, ayant à peine frappé, a déjà fui?

AVANT LA TEMPÊTE

Ce soir où les nuages dans la forêt
Couvent le vent, la foudre et la pluie,
Seul, malgré que l'heure fuie,
Tu saignes d'incarner ton secret.

Hélas! tu n'as pu trouver les mots
Qui font que les hommes t'écoutent,
(Croyant s'entendre sur la route),
Chanter tes joies ou tes maux.

Un oiseau pépie dans une fleur,
Une source murmure sur la mousse,
Mais ton âme que Dieu repousse
N'a que le silence pour ses pleurs.

Attends qu'il ait tonné sur la forêt
Comme il tonna jadis sur ta vie,
Quand tu étais à l'agonie
Dans cette ville où les femmes t'enivraient.

La foudre délie la voix des morts.
Peut-être, à l'heure de la tempête,
L'Esprit Saint qui sacre les poètes
Posera-t-il sur toi sa langue d'or.

Et ce sera de nouveau pour toi
Le miracle de l'Epiphanie,
Grâce auquel la foule bannie
Comprendra les paroles de ta foi.

Ainsi soit-il! Tu chanteras alors
L'amour qui brûle dans l'orage,
La passion des vents, et la rage
Des arbres que la rafale tord.

Les bras tendus vers l'horizon,
Tu verras, parce qu'elles furent viles,
Brûler comme l'enfer les villes
Pleines de blasphèmes et d'oraisons.

Tu pressentiras la colère du Destin
Qui écrase sous son approche la révolte
Et ravage de son souffle les récoltes
Que ne moudront pas les moulins.

Autour des toits désertés des oiseaux
Qui craignent que la foudre ne fonde,
Tu entendras l'écroulement des mondes
Et le grondement des souterraines eaux.

Mais sachant que l'empyrée est d'azur
Au delà du tumulte des nuages,
Tu chanteras soudain les présages
De la paix prochaine au ciel pur,

Pour avoir, contre l'orage triomphant
Entendu, du berceau que sa mère
Balançait d'une main légère,
Eclater le rire d'un enfant.

LE REFRAIN

Oh ! la paix du matin sur ma petite maison !
On entend les faucheurs passer près du vieux mur
En silence, du pas lourd dont on marche en cette saison ;
Dans le jardin, celle qui cueille les cerises mûres
Chasse de son rire d'enfant un vol de sansonnets ;
C'est l'heure où, ayant bu à deux mains leur bol de lait,
Les petits s'en vont à l'école danser, chanter des rondes ;
Le soleil dore à peine les verdoyants sommets ;
Il fait bon rêver, et les cloches remercient Dieu
D'ouvrir à leur prière tout l'azur de ses cieux.

On se bat au bout du monde!

O toi la cueilleuse qui fais la maison gaie,
Pose sur le seuil de pierre ton panier de cerises,
Et dis-moi si l'histoire qu'on raconte est vraie :
Qu'en ce moment de soleil, de chansons et de brises,
Des hommes, sous des bannières, se battent pour des rêves.
Il fait si bon vivre, et la vie est si brève !
Et malgré qu'on me parle d'empires lointains qu'on fonde,
Mon seul domaine est dans tes yeux où le soleil s'achève,
Et dans ton cœur, fleur où bourdonnent les abeilles de l'amour,
Et dans tes mains légères qui sont des ailes à mon front lourd !

On se bat au bout du monde!

Ici c'est la paix. Les chats furtifs ronronnent
Au bord des fenêtres qu'enguirlande la vigne ;
De temps en temps le coq, dressant sa crête, claironne ;
Les poules, gloussant doucement, égratignent

Le fumier d'où jaillira un jour la joie des fleurs ;
L'eau, dans la vasque pleine de la fontaine, pleure.
C'est la paix et sa bénédiction féconde
Sur les roses de l'enclos et sur nos pauvres cœurs.
Ecoutons dans le vent voler les brins de paille
Et oublions la haine lointaine, ses cris et la bataille !

On se bat au bout du monde !

On se bat ! — O refrain de mort dans ce chant de la vie
Que je voudrais crier, de tout mon cœur, à tous les hommes !
N'est-il de paix possible entre le bonheur et l'envie ?
Te faudra-t-il aussi, parmi les pauvres que nous sommes,
Prendre part malgré toi à l'œuvre rouge du Mal ?
Mais sais-tu si ce sang qui coule n'est pas lustral ?
De même que ces lys s'élancent de la boue immonde,
L'Amour naît de la Haine, le final du fatal.
Donc si tu veux mieux vivre, consens à mourir
Pour renaître dans la joie universelle de l'avenir !

On se bat au bout du monde !

Toi qui croyais avoir créé ton paradis,

Il te faudra de tes mains en détruire les murs.

Tu n'as pas le droit, seul parmi les maudits,

De dire que ce temps est beau et que la vie est sûre.

Quand les dernières fleurs, pétale par pétale,

Auront versé leur vie au frisson automnal,

Il te faudra peut-être, dans la mêlée qui gronde

Sacrifier, aveugle guerrier d'un divin idéal,

Loin du jardin béni où je t'aimais, ma sœur,

Ta vie pour que des enfants connaissent le bonheur!

On se bat au bout du monde!

DANS LE PETIT JARDIN CLOS

Dans le petit jardin clos les abeilles
Murmurent comme des âmes en prière,
Et la brise, parmi toutes les fleurs vermeilles,
Semble le souffle d'un ange de lumière.

Et voici qu'une voix s'élève, la tienne,
Si douce, et chantant le bonheur
D'être deux, tout le jour, sous la vigne ancienne
En écoutant trembler nos cœurs.

Pourtant la Mort a passé cette nuit,
Ses mains lourdes de festons de pavots,
Sur la route déserte et devant notre huis
Sans entrer nous souffler son mot.

Merci, ô Mort que je ne blasphème pas,
Car tu es la sœur secourable de la Vie,
Et tu sais mieux que nous l'heure où nous sommes las,
Fût-ce de trop de joie et d'amour assouvie.

Mais tu as compris que ma sœur aimait les fleurs
Et les vives abeilles au vol d'or,
Et que je l'aimais, moi, en rires et en pleurs,
Plus que la Vie et la Mort !

LE PATRE AVEUGLE

La fumée, ce soir, est grise
Contre tout le ciel gris,
Dans ce pays où les cerises
Saignent comme des yeux meurtris.

Il semble qu'il va pleuvoir
Des flammes avec des larmes
Dans l'Orient de plus en plus noir
Qui palpite d'alarmes.

Je ne connais pas bien la route
Qui mène à notre maison.
Si tu priais, ô sœur, sans doute
Reconnaîtrais-je notre horizon.

Mais tu as oublié la prière
Qui guide vers le toit natal
Les pauvres amoureux qui errent
Par mont et val.

Et je ne sais plus le signe
Que m'apprit le trop vieux prêtre
Pour conjurer les ombres malignes
Qui peuvent nous apparaître.

Il fait noir, et les arbres grondent
Dans le vent, la foudre et le froid,
Comme si soudain le monde.
Se hérissait d'effroi.

Attendons le pâtre aveugle qui passe
Courbé sur son bâton,
Cheveux épars sur sa nuque lasse,
Et tapant la terre à tâtons.

Seul, il voit clair des humains,
Lui, le passant sans yeux
A qui Dieu donne la main
Pour qu'il marche mieux.

Il connaît comme ses chiens la route
Qui mène au silencieux village
Où voudrait dormir notre doute
Loin du bruit des orages.

Ah ! qu'il vienne vite, l'aveugle
Dont j'entends déjà les pas
Au milieu des vaches qui beuglent
Et des brebis qui bêlent tout bas !

Qu'il vienne comme un annonciateur,
Précédé de la terrible tempête
Qui le brûle de feux et de pleurs,
Parmi le troupeau de ses bêtes !

Il heurtera de son bâton la porte
Des fermes jaunes sous les éclairs ;
Il fera trembler de sa voix forte
Les carreaux sonores des chaumières.

Et les rustres accroupis près de l'âtre,
Diront, ouvrant de vains yeux :
« C'est l'aïeul aveugle des pâtres
Qui passe sur la route de Dieu ! »

Suivons-le, sœur, sans plus d'orgueil
Que ses chiens, ses bœufs et ses brebis :
Lui seul nous ramènera sur le seuil
De ce qui fut notre paradis.

Et lorsque nous aurons trouvé notre maison
Parmi ses vignes dégouttant de pluie,
Nous dirons, très humbles, une oraison
Pour le pâtre aveugle qui s'enfuit

Vers la montagne violette de nuages,
Où cette nuit nous verrons luire,
Clair comme l'espoir après l'orage,
Son bûcher où des ailes se déchirent.

AU CRÉPUSCULE

Allons, ô ma sœur, vers les calmes bergeries
Où les brebis grises bêlent leur appel aux agneaux
Sous ce crépuscule d'orage qui soudain s'irradie
De la forêt couveuse de ruisseaux et d'oiseaux.

Le sentier nous mène parmi les pâquerettes
Au bord de la rivière dont le fuyant silence
N'est troublé que du saut subit des ablettes
Et du rythme des rames qu'on balance en cadence.

Dans la pluie sanglotante de toute cette journée
Nous nous sommes consolés par l'espoir du soleil.
Victoire! Le soir venu et les cloches sonnées,
Le vent secoue les gouttes qui tremblent encore aux treill e s

Notre maison est lointaine où tu pleurais d'ennui
Et je lisais les livres qu'ont laissés tant de morts;
Morts nous-mêmes, semblait-il, nous ne sûmes aujourd'hui
Nous dire que des mots d'oubli et de remords.

Mais puisque ce crépuscule est propice à l'amour
Qui pleure l'heure ravie aux baisers et au rêve,
Donne-moi tes clairs yeux où meurt déjà le jour
Comme dans un double miroir s'éteint l'éclair d'un glaive.

Sois douce comme une qui se souvient du bonheur,
Je serai lent comme un qui s'attarde à l'église,
Et nous sentirons des astres éclore dans nos cœurs
Aux tintements de l'Angelus qui agonise.

La rivière fuit plus vite sous de légères brumes,
L'on n'entend plus l'eau battue qui dégoutte des rames,
Et déjà le rossignol s'égosille sous la lune
A chanter le règne du mystère et des âmes.

Les brebis grises, là-bas, ont cessé de bêler
A cette heure équivoque de la mort et de la vie.
Et si nous sommes si tristes, c'est d'avoir peur d'aimer,
En allant, ô ma sœur, vers les calmes bergeries.

A UN AMI

Ami,
Ta maison rose en cette saison,
A l'heure calme du crépuscule
Qui par delà la plaine recule
Les limites d'or de l'horizon,
Ta maison dont toutes les fenêtres
Se sont ouvertes à tous les vents
Qui soupirent des secrets champêtres
Dans les volubilis des auvents,
Ta maison dont la timide porte

Ne répond qu'à celle qui t'apporte,
Comme un trésor du cœur, une fleur,
N'est-elle la maison du bonheur,
Ami ?

Ami,
Ta femme aux yeux souriant d'amour,
Aux mains, le matin, pleines de roses
Qu'elle cueille, en chantant mille choses,
Aux espaliers que dore le jour,
Ta femme dont la robe, en l'allée,
A frôlé le printemps reverdi
Et traîne, dans la chambre dallée,
Comme un parfum tiède de midi,
Ta femme dont le corps s'abandonne
A tes vœux, et dont l'âme se donne
A ton bon désir qui n'a plus peur,
N'est-elle la femme du bonheur,
Ami ?

Ami,
Ton enfant qui vous ouvre ses bras

Du petit lit blanc où, rose, il joue,
Une fossette dans chaque joue,
Avec le soleil qui tremble aux draps,
Ton enfant qui sait calmer vos fièvres
En attirant vers lui, las du jeu,
En un long baiser triple vos lèvres
Qui peut-être alors ont baisé Dieu,
Ton enfant, chair où tous les ancêtres
Vont rire ou pleurer, mystiques maîtres
D'un destin de joie ou de douleur,
Ne sera-t-il l'enfant du bonheur,
Ami ?

Ami,
Après avoir traîné tes pas las
Par tant de pays et tant de villes
Où tu connus les amours serviles
De celles qui ne consolent pas,
Après avoir épuisé les coupes
Où dort le mensonge de l'oubli
Et bercé ta nostalgie aux poupes
Des vaisseaux où l'exil t'a pâli,

Après avoir cherché tant de femmes
Et brûlé ton âme à tant de flammes
Avant que ne s'apaisât ton cœur,
N'as-tu pas mérité ton bonheur,
Ami ?

CHANSON

J'ai reposé mon âme parmi les fleurs,
Roses de ma bonne passion, violettes
De toute ma patience secrète,
Et lys de ma chaste douleur.

Mon âme y a chanté comme un oiseau,
Rossignol des lunaires bocages,
Alouette tombée des nuages
Ou colombe dans sa cage de roseaux.

Mais tu rêvais au fond du jardin,
Mauvaise sœur qui fait la distraite,
Et les lys, les roses et les violettes
Sont morts de ton jeune dédain.

O toi qui fus si loin et si près,
Écoute le rossignol sous la lune d'or,
L'alouette dans l'azur de l'aurore
Et la colombe parmi les cyprès !

LE SOIR

Voici que les rayons vont s'éteindre sur la plaine,
Et les bœufs bruns rentrer lourdement des sillons.
C'est l'heure où, parmi les chants des rossignols et des grillons,
La Terre semble vouloir geindre comme une mère pleine.

Courbés sous la faux luisante, sur la crête de la colline
Les paysans passent comme des images de la mort.
Une cloche tinte. Un essieu grince. Un enfant pleure, puis s'endort.
Et notre baiser fut doux sous le saule qui s'incline !

Des étoiles vont bientôt tomber du haut des cieux,
Et tu croiras les cueillir avec les marguerites,
O toi qui portes le souvenir des anges dans tes yeux !

Et nous irons par la sente où des pas furtifs ont fui
— Biche qui a peur du vent, ou faune que l'homme irrite —
Écouter le silence et regarder l'ombre de la Nuit.

PRÈS DU PUITS

La petite étoile — goutte de feu
Qui tomba dans le puits de l'auberge
Quand les chiens hurlaient, ombres bleues,
A la lune qui éveille les vierges —
Nous la guettions comme des enfants
Qui apprennent leur leçon d'amour,
O toi dont les longs cheveux lourds,
Sous mes doigts vifs te décoiffant,
Se déroulèrent dans le puits de l'auberge.

Souviens-toi ! Les grillons crépitaient
Du haut du jardin jusqu'à la berge
Où le vent à peine agitait
Les linges étendus sur des cordes.
L'ombre était pleine de miséricorde
Là-bas, dans la forêt de la colline
Où l'on dit que la Peur chemine.
Et même la voix des buveurs
S'était éteinte avec les lueurs
Parmi les faïences, les étains et les verres
Du cabaret vide comme en hiver.

Tu murmurais je ne sais quelles paroles
Que j'écrasais sur la rouge corolle
De tes lèvres écloses en ce juin ;
Et moi, dont les mains cherchaient tes mains
Pour les délier, tremblantes, de ton sein,
Je répondais par d'autres paroles
Dont j'ai oublié le sens incertain.

Soudain nous avons entendu,
Alors que j'ouvrais tes bras nus,
Les buveurs en pleine turbulence
Passer sur la route de la forêt
Comme des souvenirs fous qu'on voudrait
Étouffer dans le sang et le silence.

C'est tout. Nous nous sommes dit adieu
Près du puits plein de gouttes de feu.

A LA MORT

Dans la rue du village, cette nuit brûlée d'étoiles
Où s'étaient tus les danses, les rires et les violons,
Je t'ai vue face à face, malgré l'ombre de tes voiles,
O Mort qui guettais, furtive, auprès de ma maison.

Les fleurs sous la mauvaise lune étaient bleues et noires,
Et dans le puits maudit parlèrent soudain des voix.
Tu fis le geste de celle qui ne veut pas voir,
Et tu t'enfuis, sans laisser de traces, par le chemin des bois.

Fut-ce moi que tu voulus baiser à la place du cœur,
Ou celle qui m'attendait en rêvant à la maison ?
Je ne sais. Mais je n'eus pas peur. Et je fus ton vainqueur,
O Mort qui méditais contre nous une trahison.

★

Mais reviens à ton heure choisie. La porte sera ouverte,
Et le chien n'aboiera pas au silence de tes pas.
Une lampe luira derrière les persiennes vertes,
Et celle que j'aime, si elle le voit, ne criera pas.

Car nous te savons pitoyable, ô semeuse de pavots
Qui chuchotes, en faisant des signes, de si divins secrets.
Même si ta promesse est vaine, elle vaut
Tous les mensonges dont la Vie nous a leurrés.

Certes, nous irons jusqu'au bout de nos années
Sans emplir la maison du bruit vain de nos plaintes.
L'heure de l'œuvre finie n'est pas encore sonnée,
Et nous accomplirons notre destin sans crainte.

Mais je ne t'écarterai plus de mon seuil, ô Mort,
Malgré ta main toute froide d'avoir touché ta faulx,
Et ta bouche toujours pleine des murmures du Sort,
Et ton geste qui est si rude quand il le faut.

Reviens donc auprès du puits où ont parlé les voix,
Une nuit nouvelle où nous serons tous deux trop las,
Et quand je te verrai venir par le chemin des bois,
J'ouvrirai large ma porte au silence de tes pas.

L'APPEL DANS LE JARDIN

Le jardin est petit, mais parfumé de fleurs,
Et sa porte est bien close aux Passantes en pleurs
Qui vont criant malheur tout au long de la route
Pour leur pied qui trébuche et leur âme qui doute.

O Paradis d'avril, nous t'avons bien fermé,
Pour que ton seuil fût vierge au passage de mai !
Ainsi que des baisers de nos lèvres pareilles,
Tes fleurs n'ont frissonné que du vol des abeilles.

Nulle main n'a cueilli jusqu'au soir de ce jour
Tes lilas un peu lourds de leur parfum d'amour
Et ta glycine qui, lente, à peine se penche
Sous le faix d'un oiseau sautant de branche en branche.

Nous voudrions rester les heureux prisonniers
Des arbres qui demain empliront tes paniers,
Sœur, et des fleurs qui ont lié de leur guirlande
Les heures du désir aux heures de l'offrande.

Mais la Nuit, dont je sens derrière notre mur
La présence, m'appelle à quelque rêve obscur,
Et dans les chemins creux les Passantes de l'ombre
Se pressent, et le bruit de leurs pas dit leur nombre.

Faudra-t-il te quitter à l'angelus du soir,
Jardin de belle vie et de si bon espoir,
Où, écoutant danser par tant d'enfants la ronde,
Nous avons oublié la souffrance du monde ?

Vois ! la Nuit s'accroupit au loin sur les hameaux
Où les vieillards assis se chuchotent des mots
Dont eux seuls, héritiers des secrets de naguères,
Pourraient dire le sens qui présage des guerres!

Les femmes, tricotant à la chandelle, ont peur,
Car leurs hommes n'ont pu parler que de malheur,
Et tout le monde sait que notre pauvre terre
Doit, pour les jours futurs, souffrir ce qu'il faut taire.

Peut-être, ô sœur, quand l'ombre aura passé le seuil,
Nous faudra-t-il porter parmi la foule en deuil
Notre trésor d'amour à la mauvaise Ville,
Qui hait Dieu, malgré Christ et son doux évangile.

Et ce sera fini de la paix au soleil,
Et du sommeil au pied du cerisier vermeil,
Et de la volupté de sentir l'herbe chaude
Sous nos corps enlacés et nos mains en maraude.

L'angelus va sonner sur les chaumes blottis
Du village où l'on met au lit tous les petits ;
Sœur, il est temps enfin d'ouvrir large la porte
Aux passantes de l'ombre : un ange les escorte.

Une main sur la bouche et l'autre sur les yeux,
Sibylles de la route, elles liront aux cieux ;
Puis elles nous prendront les clefs de la demeure
Où ne tintera plus pour nous l'appel de l'heure.

Nous ne connaîtrons plus que les tristes maisons
Dont, le soir, les miroirs sont pleins de trahisons,
Et les carreaux ternis tels les yeux d'un malade
Qui se laisse mourir au son d'une ballade.

Et tandis qu'étranglée aux mille poings du Sort
La Ville hurlera, louve ou chienne, à la mort,
Nous rêverons tout bas, saisis d'un peu de craint
Et n'osant, pour agir, délacer notre étreinte,

A ce petit jardin tout parfumé de fleurs
Dont la porte était close aux Passantes en pleurs,
Jusqu'au soir saint où nous sûmes, sans plus de doute,
Que l'Esprit du Seigneur s'avançait sur la route !

AUTOMNE

LE VRAI TEMPLE

C'est ici le village de nos rêves,
Dont les fumées violettes, le soir,
Comme une brume de sommeil que soulève
Le souffle paisible de l'espoir,
Montent de ses âtres vers le ciel.

Là-bas la silencieuse forêt
Étreint d'ombre la marge des prés
Où les abeilles ont butiné leur miel,
Servantes diligentes de l'avenir.

Nous, ce n'est pas pour l'avenir,
Mais pour le précieux passé de nos années,
— Tel un sablier plein d'heures d'or —
Que nous sommes venus à ce village
Caché dans sa petite vallée
Entre les champs et le bois qui s'endort.
C'est pour mieux fuir les semonces des sages
Et les quolibets des fous de la ville
Que nous cherchâmes ce vert asile
Où nous oublierons remords et regrets
En chuchotant à la solitude notre secret.

Entends-tu, sœur, la cloche des anges
Qui chante, en cette saison de vendanges,
La récompense des anciennes vigiles?

Avant de frapper à l'huis
De la maison qui attend notre venue,
Allons, en passant près du puits
Où les femmes se signent, les bras nus,

A l'église dont l'ombre ne s'éclaire
Que des trois cierges allumés à l'autel,
Devant lequel le prêtre solitaire
Murmure la supplique éternelle.

Car — n'est-ce pas? — nos âmes ont besoin
De croire que Dieu n'est pas loin,
Depuis que nos pas d'enfants las
Ont foulé la terre rouge des routes ?

Voici la ruelle en contrebas
Où se sont arrêtés tant de doutes,
Et les marches qui montent à la colline
D'où carillonnent vêpres et matines,
Et la vieille grille qui grince sur ses gonds,
Comme hostile au poing du vagabond,
Et la nef où, en marchant, j'écoute
Les échos autour des piliers ronds
Se répercutant des dalles aux voûtes
Comme le bruit que doit faire notre passage
De la mort à l'éternité des âges.

Sur nous le lourd vantail s'est clos.

Et soudain je me sens froid à l'âme
Comme à l'entrée d'une prison infâme
Dont les geôliers ne sauraient dire que des mots
De haine et de mort aux innocents.
Le soleil s'y décolore, et l'encens
A tué le parfum des fleurs
Que tu portais, innocente offrande,
A la vierge cruelle des douleurs,
Celle qu'on a ceinte de guirlandes
Pour la parade des mauvais rêves,
Et dont le cœur saigne à gros grumeaux
Sous la septuple torture des glaives.

Ce ne sont pas tes fleurs qu'il faut
A la féroce idole des prêtres,
Mais le sacrifice de tout ton être
Que j'ai ressuscité, moi, du tombeau :
L'amour dont j'ai fait fleurir tes seins
Comme sous la sève ardente du mois saint,
Le sourire que j'ai réveillé sur tes lèvres
Quand tu râlais, étranglée par les fièvres,
L'espérance que j'ai allumée dans tes yeux
Où se ternissait le souvenir des cieux.

Ce n'est certes pas ici qu'habite Dieu.

Pourtant en y venant j'avais cru
Que je saurais peut-être encore,
Pour sacrer notre amour à son aurore,
Les mots des oraisons d'or
Que toi-même tu ne sais plus.

O notre Dieu, pourquoi te caches-tu ?

Les aïeux jadis s'agenouillèrent
En de guerrières et tumultueuses prières
Sur ces dalles qui sonnèrent sous le fer
Des épées, des lances et des bannières,
Et leurs chevauchées, dans les chants et les flammes,
Disparurent vers le pays des barbares,
Loin du village où les cloches tintent, rares,
Le dimanche, pour quelques vieilles femmes !

O cette foi qui s'éteint dans nos âmes !

Viens ! j'ai peur du prêtre qui marmonne,
Sous les trois cierges, sa litanie monotone.

Viens ! je vois que le soleil est rouge
Par la fente du vantail qui bouge.
Viens ! le crépuscule a ouvert·
Cette prison aux ailes de nos rêves !

Voici des chants d'oiseaux et de l'air,
Et l'odeur mourante des sèves
Dans le soir, douce automne du jour
Qui hâte les étreintes de l'amour.

Arrêtons-nous dans le petit cimetière
Où les saules effeuillent leurs prières,
Vaines et légères comme des rêves,
Sur les lettres effacées des pierres
Qui pèsent sur tant de formes brèves.

Le village se recueille.

Écoute :

L'on entend, si légèrement qu'on en doute,
Grincer la poulie d'un puits ;
Les chevaux qu'on mène à la rivière
Près du moulin cliquetant sous le lierre,

Trottent dans la rue à grand bruit;
Un chien en gambadant aboie
Après une charrette pleine de gerbes
D'où tombe, aux cahots de la voie,
Le bon grain parmi les folles herbes;
Et voici qu'une voix d'enfant
S'élève, claire et comme surnaturelle,
En une chanson très ancienne des champs
Qui révèle la présence réelle
De Dieu dans le cœur des moissons.

Écoute bien, sœur! — Cette chanson
Dit la seule vérité de la vie
Qu'il importe à nos âmes de connaître,
Celle de l'éternité de notre être
Par l'amour qui survit aux dieux.

Souris donc à lèvres ravies
Vers notre terre et vers nos cieux,
Et oublie les blasphèmes du prêtre
Qui dans l'ombre étouffe et chancelle.
Que la terre soit notre couche et notre autel,
Et le ciel notre nef et notre dais!

Je communie, sous les espèces de ton corps,
Avec l'univers visible et sonore
Et les mondes que je ne verrai jamais,
Et les dieux qui ne sont pas encore nés !

Donne tes lèvres à mes baisers !

Elles ont l'éclat des cerises
Et la saveur fraîche des pommes.
Il me semble que, choisi entre les hommes,
Je récolte, en ce soir plein de brises,
Tous les fruits bien-aimés de la terre.
Les jardins, les bosquets et les treilles,
Je les pille à pleines corbeilles
Quand je baise dans ce lieu solitaire
Tes bonnes lèvres qui sont les miennes.
Crois encore aux légendes anciennes !
Voici Bacchus, qui chante sur la route
Où son ivresse s'égare et doute,
Et Pomone, qui ouvre sa molle robe
A la chute soudaine des fruits mûrs.
Les Saisons sourient ou pleurent,
Douces tour à tour ou dures,

Selon que le soleil se dérobe
Ou se donne aux fruits et aux fleurs.
Mon âme est secouée des fièvres
Que connaissent les vergers à l'aurore.
Le vin d'amour fermente en mon corps
Comme dans les vignes plus douces que le miel.
Et toute la terre, quand je baise tes lèvres,
Me semble, dans le jardin du ciel
Où s'est éteinte la comète des désastres,
Un grain de flamme, d'ambre et d'or
De la grappe infinie des astres !

Et tes yeux, bien-aimée, donne-les-moi !

Je suis plus riche que les rois!
Ils ont les magiques pierreries
Où les fées se sont mirées,
Gouttes de rosée des prairies
Ou gouttes de sang des batailles.
Le passé oublié s'y recrée
Et l'avenir incertain y tressaille.
Les couronnes des rois et leurs trônes
Sont lourds, dépouilles des aïeux,

De gemmes rouges et vertes et jaunes.

Mais moi je suis riche de tes yeux,

Plus rares que les pierres et plus précieux

Que le trésor entier des cieux.

J'y vois se refléter le monde,

La mer et l'air et la terre ronde,

Et j'y crois lire la pensée de Dieu!

Ferme-les, et les ténèbres tombent

Sur mon âme comme la nuit sur une tombe.

Ouvre-les, et j'entends rires et chants

Renaître par les chemins et les champs.

Tes yeux sont la lumière de ma vie,

Double signe du rêve des anges;

Tes yeux sont le miroir étrange

Où le Visible à l'Invisible s'allie;

Tes yeux sont les gouffres de saphyr

Où tout le mal qui est en moi va mourir!

Donne-moi ton front!

                    J'ai peur

En y posant mon suprême baiser!

J'y entends, comme une nocturne fleur,

S'épanouir le mystère de ta pensée.
Et tout le vieux songe de la terre
Me devient clair comme une parole
Chuchotée au dormeur solitaire
Par l'Esprit qui révèle les symboles.
Oui, le songe de la terre tremble en toi
Pour te forcer à la foi et à la loi
Qui préparent le futur paradis.
Ton sourire est l'espoir des mondes,
Comme tes pleurs en sont maudits.
Dresse haut tes seins et ta face !
Qu'en ta chair sacrée se confondent
La mort obscure des races
Et la vie qui jamais ne se lasse !
Nue, et blanche et blonde
Tu es l'immortelle et calme image
Qui hanta le sommeil des sages.
Laisse cracher contre toi dans l'ombre
Les hommes noirs dont les lèvres se tordent.
Sous ton front les hymnes s'accordent
Et les prières crient miséricorde
Plus haut qu'en leurs cryptes funèbres !
Tourne vers les baisers du soleil

Comme un ostensoir où Dieu se réveille,
Ta tête fière, ô femme, ô ma femme,
Chair de ma chair, âme de mon âme !

Et maintenant, à pas graves, ayant prié
Selon la volonté de toutes choses,
Quittons le cimetière où a poudroyé
Tant de passé pour le parfum des roses.
Retournons à la paix de la maison
Que nous choisîmes pour nos chères oraisons.
Nous attendrons doucement la mort
Ne demandant que l'amour à la vie,
Et nous laisserons, au soir et à l'aurore,
Sonner la cloche qui nous convie,
Vainement, à la nuit du Néant !

Et donne-moi encore, amoureusement,
Avant de descendre au village
Qui prépare pour demain son ouvrage,
Ta sainte bouche, ton front sacré, tes divins yeux !

Sœur, nous sommes les temples du vrai Dieu !

LA VISITATION DE L'AMOUR

Je veux que l'Amour entre comme un ami dans notre maison,
Disais-tu, bien-aimée, ce soir rouge d'automne
Où dans leur cage d'osier les tourterelles monotones
Râlaient, palpitant en soudaine pâmoison.

L'Amour entrera toujours comme un ami dans notre maison,
T'ai-je répondu, écoutant le bruit des feuilles qui tombent,
Par delà le jardin des chrysanthèmes, sur les tombes
Que la forêt étreint de ses jaunes frondaisons.

Et voici, l'Amour est venu frapper à la porte de notre maison,
Nu comme la Pureté, doux comme la Sainteté ;
Ses flèches lancées vers le soleil mourant chantaient
Comme son rire de jeune dieu qui chasse toute raison.

Amour, Amour, sois le bienvenu dans notre maison
Où t'attendent la flamme de l'âtre et la coupe de bon vin.
Amour, ô toi qui es trop beau pour ne pas être divin,
Apaise en nos pauvres cœurs toute crainte de trahison !

Et l'Amour est entré en riant dans notre maison,
Et nous ceignant le cou du double collier de ses bras,
Il a forcé nos bouches closes et nos yeux ingrats
A voir et à dire enfin ce que nous leur refusons.

Depuis, nous avons fermé la porte de notre maison
Pour garder auprès de nous le dieu errant Amour
Qui nous fit oublier la fuite furtive des jours
En nous chantant le secret éternel des saisons.

Mais nous l'ouvrirons un jour, la porte de notre maison,
Pour que l'Amour, notre ami, aille baiser les hommes
Sur leurs lèvres et leurs yeux — aveugles et muets que nous sommes ! —
Comme il nous baisa sur les nôtres, ce soir plein d'oraisons !

Et ce sera Pâques alors autour de notre maison,
Et l'on entendra prier les morts au fond des tombes,
Et l'on verra s'essorer comme des âmes les colombes
Entre le soleil mort et la lune née à l'horizon.

LES PORTES

Voici bientôt venir, dans les sanglots froids du vent
Et les larmes lentes de la pluie, l'Automne :
L'Automne qui du même geste monotone
Ferme les portes de l'étable où beugleront longuement,
L'hiver, les bœufs rêvant au pâturage,
Et celles de l'écurie où les grands chevaux lourds
Ayant fini de traîner dans les labours
La charrue, sentent peser sur eux le joug de l'âge,
Et celles de la grange où les derniers fléaux
Ont cessé de rythmer, au poing des rudes gas

Que les travaux alternés des saisons n'abattent pas,
La chanson déjà tue aux champs et aux préaux,
Et celles du logis avec toutes ses fenêtres
Où à la chandelle, assis autour du maître,
Les valets et les servantes aux joues rougies par l'âtre
Ecoutent, pendant les longues veillées, le pâtre
Qui sait toutes les histoires tristes de la contrée,
Et celles, enfin, silencieuses, de mon cœur
Où rentrent une à une, comme pour l'éternité,
Telles des vierges folles qui chantèrent tout l'été,
Mes espérances pour y effeuiller leurs fleurs
Dans la solitude et dans l'obscurité,
Ah! celles, enfin, silencieuses de mon cœur !

La saison est celle de l'attente de la mort
Où l'âme blottie au fond de la maison close
Rêve désespérément aux êtres et aux choses :
A la trace que laisseront les pas furtifs du Sort
Dans la neige épandue aux sentes du cimetière,
A l'abandon mélancolique de la terre
Qui se meurt comme une amante trop vieille qu'on délaisse,
A l'extrême douleur où le cruel hiver abaisse
Les pauvres qui meurent de faim aux portes ouvertes hier.

Pourtant, ô mon frère, si tu ne veux pas mourir,
Ne crois pas à la mort ! La vie est encore bonne !
Voici les clefs de la foi, de l'esprit, de l'espoir et du désir.
Prends-les, et les yeux calmes, avec un sourire,
Ouvre les portes qu'a fermées le triste Automne.

Ouvre les portes du logis !

Aime ! Le pâtre assoupi ayant fait de conter
Toutes les histoires tristes de la contrée,
Les servantes, malgré la peur qui leur étreint l'âme,
Ont ouvert leurs flancs féconds, au fond des dures couches,
Pour perpétuer la race des travailleurs farouches,
Aux hommes amoureux de la chair de la femme.
C'est la vie toujours chaste qui chante sur leurs lèvres,
Et pleure dans leurs yeux et fait douces leurs mains.
Et au cœur de celles-là qui méprisent les mièvres,
Fleurit l'espoir robuste des enfants de demain.

Ouvre les portes de la grange !

Espère ! Certes l'aire est vide où se tassait le grain
Et les fléaux battaient la déroute des misères.

Mais songe : une part du grain est portée au moulin
Et l'autre est confiée au rêve de la terre.

Ne vois-tu pas, poète, mûrir sur les coteaux
Azurés de bluets et rouges de coquelicots
Les blés que ne ravageront plus les galops de la guerre ?
Et n'entends-tu pas, chanson douce et altière,
Le bon pain cuire dans la chaleur des fours
Pour la force de tous et le futur amour ?

Ouvre les portes de l'écurie !

Tremble ! Car parmi tous ces pauvres chevaux
Qui hennissent si tristement sous ton geste caressant
Comme s'ils sentaient déjà ton fouet sur leur garrot,
Veille peut-être, les naseaux palpitant de sang
Et les deux ailes et les quatre ailerons frémissant
Pour la tumultueuse révolte de l'essor,
Pégase dont les yeux, miroirs des rouges aurores,
Suivent au ciel un songe de bienheureux désastres,
Et dont les sabots, en un quadruple éclair d'or,
Éparpilleront vers Dieu la poussière des astres.

Ouvre les portes de l'étable !

Prie! Car peut-être y verras-tu sur la paille,
Entre l'âne et le bœuf dont l'haleine fume,
A l'heure bleue où l'aube pâlement s'allume,
Notre Seigneur Jésus-Christ, enfantelet qui bâille,
Ouvrir large, avant que ne viennent de loin le voir
Les rois Gaspard, Balthazar et Melchior,
Ses mains pleines de pardon au péché des vilains
Qui le forceront à porter sa croix au mauvais lieu,
Et ses yeux pleins d'amour à la vertu des saints
Qui l'aideront à bâtir les villes nouvelles de Dieu!

Maintenant toutes les portes sont ouvertes, frère, au Bien.
L'étable est prête pour le Christ des prochaines années,
L'écurie frémit déjà sous le cheval divin,
La grange offre son aire aux moissons de demain,
Le logis, plein de berceaux, attend les nouveau-nés.

Et bientôt, par les portes mélodieuses de ton cœur,
Sortiront une à une pour l'immortalité,
Telles des vierges sages qui ont trop sangloté,
Tes espérances, allant au pré cueillir des fleurs
Pour en orner toutes les portes mélodieuses de ton cœur.

LE DIALOGUE SANS FIN

LUI

Nous sommes une femme et un homme dans le crépuscule
A cette heure où, lourdes d'ombre, les cloches de l'angelus meurent.
Comme en elles, à mesure que le soleil recule,
Je ne sais quelles ténèbres s'amoncellent en mon cœur.

ELLE

Les tours des églises, de village à village, sont roses
Comme dans les images saintes qu'on montre aux enfants.
Il me semble que mon âme d'amante est pleine de roses
Que je voudrais effeuiller aux pieds las des passants.

LUI

O femme, effeuille-les, et à tous donne tes baisers,
Et le regard doux de tes yeux, et le geste de tes mains!
Car l'amour n'est pas avare, et tu peux oser
Toute la charité dont a besoin demain.

ELLE

O toi le seul, c'est à peine si je te comprends!
Ne m'aimes-tu plus? N'es-tu pas, comme les autres hommes,
Jaloux, et dressé devant ton bien que tu défends
Dans la rage et la tempête? — Sais-tu ce que nous sommes?

LUI

Nous sommes une chair lourde que l'âme, de ses faibles ailes,
Essaie d'enlever comme une offrande aux étoiles.
Nous sommes des fous aux yeux éteints sous les cinq voiles
Que les anges nous arracheront au seuil de leurs citadelles.

ELLE

Tes paroles sont si lointaines qu'elles me font peur.
Je ne veux pas connaître la raison haute des choses.
Qu'il me suffise de jeter à ceux qui les veulent mes roses,
Et de chanter, quand l'Inconnu frémira dans ton cœur.

LUI

Es-tu sage? Es-tu folle? Certes, de toutes ces roses
Je pourrais te tresser de bien belles couronnes.
Mais elles me semblent, en cette ombre où ma pensée s'abandonne,
N'être que des rêves vides dont j'ignore la cause.

ELLE

Ne suis-je donc pour toi qu'un fantôme sur la route
Dont, quand la nuit est sombre, on se sauve et on doute,
Car on ne sait pas si les mauvais morts ne reviennent pas
Flairer sur la terre la trace de leurs pas?

LUI

Je tremble à mon tour de l'horreur de tes paroles.
Je ne veux pas te répondre, de crainte que les astres mêmes
Ne s'effeuillent autour de nous comme les légères corolles
Qu'au vent de ce soir, la corbeille levée, tu sèmes.

ELLE

Homme, tu as donc peur? Voici mes lèvres qui chanteront
L'incantation qui éloigne les mauvaises pensées,
Et voici mes mains que les tiennes ont caressées,
Et mes seins où j'éventerai la fièvre de ton front.

LUI

Oui, donne tes lèvres, et tes mains, et tes seins, ô femme !
Je veux dormir ; je crois en toi ; la nuit tombe. Nous sommes
Deux pauvres amants qui cherchons dans nos yeux nos âmes.
Bientôt, comme nous, dormiront tous les hommes.

ELLE

Pourtant, non ! Je ne puis dormir. Tes paroles m'ont fait mal.
Ne serions-nous vraiment que des voyageurs dans la nuit
Qui se disent un mot, se touchent les doigts, puis s'enfuient,
Cherchant l'auberge inconnue par mont et val ?

LUI

Tu dis des choses secrètes. Écoute : j'entends ta voix,
Je sens ta forme, je sais la saveur de ta bouche,
Je respire le parfum de ta chair, et tes yeux je les vois ;
Et pourtant je ne te connais pas, toi qui partages ma couche !

ELLE

Oh ! moi, je te connais, ne fût-ce que par ta pensée
Qui s'éloigne de moi comme de la beauté des roses,
Et cherche aux formes une réalité insensée,
Alors qu'en toi-même gît le secret des choses.

LUI

Le secret que tu devines, sans toi-même tout savoir,
Est celui de l'Amour qui allume aux cieux sa torche
Pour enflammer, aveugle, nos maisons noires
Dont soudain, rouges de feu, s'ouvrent large les porches.

ELLE

Je sais tout, je sais tout, maintenant que tu m'as parlé !
Tu n'es plus pour moi un homme qu'au hasard de la vie
J'ai rencontré pleurant et saignant, et que j'ai consolé.
Tu es l'Homme qui vers le rêve de Dieu m'a ravie !

LUI

Tu n'es plus une femme qui as essuyé mes larmes
Une nuit toute sonore du choc soudain des armes.
Tu es la Femme, sans les douces prières de laquelle
Tout effort me serait vain, et toute chute mortelle.

ELLE

Aussi, aimons-nous dans l'apparence de nos corps !
Tu mourras, et je pleurerai comme une folle sur ta tombe.
Mais je me relèverai pour l'œuvre de l'aurore,
Que les rosiers soient en fleur ou que la neige tombe !

9

LUI

Et si tu me précèdes dans les ombreux chemins,
Je crierai dans les ténèbres que toute la terre est morte.
Mais au jour je sortirai de ma maison, et sur la porte
Je verrai peut-être passer l'ombre de tes chères mains !

ELLE

Et nos âmes enfin dépouillées de la chair
Se confondront dans le séjour des Nombres et des Chants,
Comme les parfums de deux fleurs qui se sont chères
Se mêlent par-dessus les jardins et les champs.

LUI

Ainsi soit-il ! Ton espoir a tué mon doute.
Mais laissons nos paroles mourir. Les étoiles brûlent ;
L'ombre couve les villages; l'on voit à peine la route.
Nous ne fûmes qu'une femme et un homme dans le crépuscule.

PLUIE D'AUTOMNE

O pluie, douce pluie sanglotante
Qui éveilles ma peine comme des larmes de mère
— Pluie si froide, larmes si amères ! —
Dans le crépuscule où nul oiseau ne chante,

Ne cesseras-tu ton tintement monotone
Sur le toit de ma maison aux vieilles tuiles
D'où se sont envolées vers de lointaines îles
Les hirondelles que rebrousse le rude automne ?

Près de l'âtre où éclatent en fleurs de flamme les bûches
Je lis des histoires tristes de très vieilles reines
Qui me font oublier les anciennes semaines
Où les abeilles bourdonnaient dans les ruches.

Dehors les tourterelles ouvrent large leurs ailes
Pour recevoir le baptême sacré de la pluie,
Et les poules secouent leurs plumes dans la grange où s'ennuient,
Griffant parfois la paille, les chats roulés pêle-mêle.

Personne, à cette heure, ne passera sur la route,
A moins que la mendiante à la chevelure rousse
Ne vienne, avec son geste qui craint qu'on la repousse,
Quêter un peu de pain, comme le remords cherche l'absoute.

Au fond de la salle sombre, je me sens seul au monde,
Ce soir où les cheminées ont une odeur de suie,
Et je demande en vain son secret à la pluie
Qui me fait presque pleurer comme un enfant qu'on gronde.

Le secret de la pluie est-il celui des larmes ?
— Pluie si froide, larmes si amères ! —
Ah ! réponds, cœur d'enfant sur qui pleure une mère,
Le secret de la pluie est-il celui des larmes ?

RETOUR TRISTE

Puisque voici venir les mauvais jours
Où les corbeaux croassent la peine de l'automn e
Sur la forêt qui verse ses feuilles à l'oubli
Comme des larmes,
Allons revoir, rêvant à l'année qui finit,
La petite maison rouge au bord de l'eau
Où nous connûmes, l'été, la folie de l'espoir
Et de croire que nous serions des enfants
Toujours.

Les heures ont fait trembler le cœur des vieilles horloges,
Et l'eau que nous vîmes choir en écume à l'estacade
Erre peut-être en nuages sur l'automnale forêt.
Hélas ! nous sommes las, ce soir, comme des vieillards,
Et nous ne savons plus que pleurer le passé,
Tant tout ce qu'aimèrent nos âmes au soleil
Est mort.

Voici, sous le lierre, le seuil où aboyait le chien,
Et la fenêtre qu'enjolivait la rose trémière,
Et le jardin constellé de fauves tournesols
Que viennent becqueter maintenant les oiseaux,
Et le vieil escalier de pierre qui monte sous la mousse
A la charmille ombreuse où le cher rossignol
Chantait au crépuscule la peine de trop aimer,
O bien-aimée !

D'autres sont venus violer le secret
De la petite maison rouge au bord de l'eau.
Prions pour eux qu'ils aient le calme bonheur
Que nous connûmes,

Et sur la porte, avant de partir dans la nuit,
Traçons en silence le signe de la croix,
O bien-aimée !

A CELLE QUI EST TRISTE

Avec vos gestes doux de fileuse de laine,
Vous allez tristement par la grande maison,
Rêvant, seule, en ce soir de l'arrière-saison,
Aux chants d'amour dont au printemps elle fut pleine.

A votre seuil le bois se dépouille, et la plaine
Est nue, et le soleil est pâle à l'horizon.
Vous voudriez pleurer dans vos mains, sans raison,
Le front contre la vitre où tremble votre haleine.

Jeune femme attentive au silence du soir,
Etes-vous le Regret ou seriez-vous l'Espoir?
Que vous disent les voix qui dorment dans les chambres?

Ah ! votre cœur a peur de ces tristes septembres
Où tant d'ailes vont fuir vers les soleils moins froids,
Et rien ne fleurit plus que la fleur de la croix.

A LA MÊME

Certes, je vous aimais au matin de l'année,
Quand les premiers oiseaux remuaient les lilas,
Et que les chants sur vos lèvres n'étaient pas las
D'inviter au bonheur la sourde Destinée.

Mais je vous aime mieux de regrets couronnée,
En cet octobre plein de vents lents et de glas.
Votre âme est sans espoir, votre voix sans éclats,
Et vous n'osez revoir la terre abandonnée.

Craignez-vous que la mort vous guette à votre seuil,
Pour écouter ainsi, dans des poses de deuil,
Battre, tel votre cœur, l'horloge monotone ?

Oh! non, n'ayez pas peur de l'ombre en la maison,
Ni d'entendre le Temps qui sonne la saison !
C'est l'heure des fruits mûrs aux vergers de l'automne!

LA MYSTÉRIEUSE CHANSON

Nous avons vu trois femmes rousses
Assises, le menton aux genoux,
Au bord des sources, sur la mousse.
Le désespoir pleurait dans leurs yeux doux
Et la rage secouait leurs voix rauques.
De leurs doigts prestes, en chantant, elles enfilaient
Les gemmes jaunes et les perles glauques
Qui plaisent aux filles des cités ;
Et toutes répétaient, entêtées,
Cette strophe d'une antique chanson

(On aurait dit les Parques qui filaient,
Rousses contre le soleil de la moisson) :

> *Siffle la faux, saignent les fleurs,*
> *Voici le soir de la grand'lune ;*
> *Vienne la nuit, pleurent mes sœurs,*
> *Les fleurs ont chu l'une après l'une.*

Nous nous arrêtâmes sans comprendre,
Muets comme des enfants du soir
A qui l'on raconte une histoire.
Les nuages étaient roses de cendres
Et les peupliers lourds de murmures.
Tu penchas le front, et soudain
Je t'entendis sangloter dans tes mains,
Cependant que, graves sous leurs chevelures,
Les trois femmes aux yeux pleins de passé
Reprenaient le cours de leur chanson
(On aurait dit les Parques qui filaient,
Rouges contre le soleil de la moisson) :

> *Tourne le rouet, dorment les vieux,*
> *C'est un linceul qu'on tisse en l'ombre :*

Tremblent les poings, clignent les yeux,
Les morts sont là, mes sœurs, en nombre.

Tu lanças, d'un geste haut, du cuivre
Aux chanteuses qui, voulant nous suivre,
Firent tinter leurs perles par terre.
Et comme en tes yeux soudain clairs
S'allumait la folie d'un remords,
Je t'attirai vers moi de mes bras forts,
De mes bras qui ceignirent ta taille pleine,
Et nous courûmes vers la nuit prochaine
Sans ouïr la suite de la chanson
Que debout les trois femmes nous lançaient
(On aurait dit les Parques qui filaient
Noires contre le soleil de la moisson) :

Fume l'encens, veille l'amour,
Dans son lit bleu la vierge est morte ;
Couve le feu, tombe le jour,
L'Ange, mes sœurs, frappe à la porte.

UN PEU D'OMBRE

Un peu d'ombre, quelques larmes,
Et le son d'une cloche sur la ville.
Le vent d'automne souffle l'alarme
A nos âmes qui se sentent serviles.

Ah ! cache-toi dans mes bras, ce soir
Où nous avons presque peur de l'amour,
Pour avoir entendu dans le noir
Cette cloche qui sonne la fin d'un jour.

Nous n'osons allumer lès lampes
De peur de revoir nos visages ;
La fièvre bat à nos tempes,
Le vent aux fenêtres fait rage.

Des feuilles et des oiseaux de mort
Volent par-dessus les toits.
Ici, dans la chambre, le Sort
Sourit au murmure de nos voix.

Ah ! cette cloche dans le vent ! Nous sommes
A peine vivants parmi les morts sans nombre
Qui ne se font entendre aux hommes
Que par leurs larmes tombées dans l'ombre.

A LA MORT

O Mort, je ne fermerai pas la porte à tes pas,
Quand je les entendrai, l'automne, sur les feuilles du jardin,
Comme si une amie dont je rêverais alors venait tout bas
Me baiser sur mes yeux où le soleil s'éteint.

Car je sais que tu me donneras les clefs de la vraie vie,
Celles qui m'ouvriront silencieusement le sanctuaire
Au seuil duquel, en larmes, je blasphème et je prie
Comme un enfant puni qui veut voir la lumière,

O Mort, sème tes pavots légers sur mes paupières,
Enchaîne mes mains dont se dresse contre toi la révolte,
Entrave mes pieds qui buttèrent à tant de pierres,
Et mène mon âme au pays des divines récoltes.

Ici je tâtonne comme un fou dans les ténèbres
D'où s'essore parfois le vol chantant d'un ange.
Je connais toutes les routes de la contrée funèbre
Dont je porte jusqu'au front les stigmates de fange.

O Mort, rends-moi la lumière dont je suis l'ombre,
Et l'être immatériel dont je suis le fantôme,
Et la pensée redevenue enfin pur nombre
Qui réglera le cours des astres et des royaumes.

Car vraiment je suis si las de tous et de moi-même,
Malgré que je sache qu'il faut bâtir les villes
Qui exhaleront un jour leurs prières et leurs poèmes
Vers un nouveau Dieu d'un nouvel évangile,

Que je t'accueillerai, ô Mort, dont les pas
Feront à peine frémir les feuilles mortes du jardin,
Comme l'amie longtemps attendue qui vient tout bas
Vous dire un beau secret d'une voix qui s'éteint.

VERS LA VILLE INCONNUE

Nous avons perdu la route et la trace des hommes
Parmi les méandres du ténébreux vallon,
Et oublié le nom de la ville d'où nous sommes
Sans savoir celui de la ville où nous allons.

Nous n'entendons plus la voix de la rivière
Qui murmurait à notre passage des promesses de baptême,
Ni les frissons de feuilles et d'ailes qu'éveillait l'air
Parmi les peupliers d'où tout l'automne s'essaime.

10.

Fermons donc les yeux et donnons-nous la main
Comme des enfants qui ne veulent pas avoir peur,
Et marchons malgré tout vers l'aube de demain
En chantant ce que les aïeux nous dirent du bonheur.

Quoique aveugles, nous ne craindrons pas l'embûche des venelles,
La souillure de la boue ni la traîtrise des roses,
Car les anges nous guideront de la musique de leurs ailes
Légère comme le souffle d'une légende mi-éclose.

Et quand nous rouvrirons les yeux et délacerons nos mains,
Ce sera pour le réveil dans un pays de fontaines
Où nous boirons l'oubli d'hier et l'espoir de demain,
En y mirant nos corps que nous reconnaîtrons à peine.

Car nos yeux seront pleins de la charité des astres,
Et nos lèvres à jamais pures des mauvais baisers,
Et nos mains innocentes des anciens désastres,
Et nos pieds ignorants des périlleux sentiers.

Et sur la colline de fleurs dont les oiseaux sont en fête,
La Ville de marbre que l'aurore dore de ses flammes
Retentira du tonnerre léger de ses trompettes
Pour accueillir, sauvées du passé, nos âmes.

O sœur fidèle, perdons la route et la trace des hommes
Qui ne veulent pas sortir du ténébreux vallon :
En oubliant le nom de la ville d'où nous sommes
Nous apprendrons celui de la ville où nous allons.

EN UN PAYS

En un pays de calmes fontaines,
A l'heure de la mort du soleil,
Quand je défaillerai de sommeil
Après tant d'aventures vaines,

Je panserai enfin mes blessures
Et je purifierai mon âme,
O toi dont l'épée de flamme
M'a montré vers Dieu la route sûre.

Malgré le sourire dont j'accueille,
Pour que les lieues ne les effraient pas,
Les frères et les sœurs dont les pas
Se lassent déjà loin du seuil,

Tu sais, ô toi mon confident,
Combien faible est toute ma force
Quand le fardeau me ploie le torse
Sur les traces du vieil Adam.

Un son de cloche dans le crépuscule,
Un mourant au bord de la route,
Les paroles chuchotées par le doute
Et l'allée où l'effort s'accule,

O Dieu, puis-je ne pas pleurer,
Malgré le signe de la victoire
Si lointaine, hélas ! que le soir
Réserve à mon âme lasse d'errer ?

Et lorsque j'aurai connu la contrée
Promise sous le soleil couchant,
Serai-je plus heureux, sachant
Que d'autres se perdent dans la vêprée,

Et ne te prierai-je pas, Dieu trop fier,
En souvenir de mes douleurs proches,
De faire sonner avant la nuit les cloches
Pour appeler des routes mes frères

Vers ce pays de calmes fontaines
Où ils oublieront le soleil
Dans le bon silence du sommeil
Après tant d'aventures vaines?

A LA TISSEUSE

Humble tisseuse de toile derrière la fenêtre qui rougeoie,
Cette nuit de lune, dans le village silencieux des montagnes,
Je te salue, ô sœur insensible à la foi
Qui me force à partir vers la ville aux mille bagnes.

Là-bas des mains de meurtre se crispent dans les ténèbres,
Et des yeux désespérés luisent au bord des fleuves,
Et la haine hurle au passage des charrois funèbres
Où les drapeaux de deuil au poing des pauvres s'émeuvent.

Ici c'est la paix. La brise même n'agite plus les trembles ;
Le chien au collier de clous n'aboie pas après le vagabond ;
Les enfants dorment aux bras des vieilles gens. Il semble
Que Dieu seul respire dans le silence des maisons.

Parmi toutes, tu es élue pour la vigile, ô sœur des cimes,
Et pâle sous ta coiffe ailée, dans le cadre rouge de la fenêtre,
Tu tisses la toile, de ton geste qui déjoue les crimes,
Pour les linceuls de la mort ou les langes de l'être.

Tisse le bonheur, tisse le malheur, qu'importe ?
Tu as vu passer les printemps roses et les blancs hivers
Qui jonchèrent de pétales ou de flocons ta porte,
Et tu accueilleras demain comme tu congédias hier.

Tu ne sais qu'une chose : que tu travailles pour Dieu
Et que tu iras à l'église le supplier dimanche,
Quand la cloche tintera légère vers les cieux,
Pour que ton fil soit fin et que ta toile soit blanche.

Et maintenant, ayant fini la tâche d'aujourd'hui,
Tu fais sur ton métier le signe de la croix,
Et tirant les rideaux de ta fenêtre sur la nuit,
Tu emportes vers ton lit la lampe qui décroît.

Étoiles de cette heure de remords, vous m'avez vu tomber,
De toute la faiblesse de ma chair, à genoux
Devant la maison sainte où j'entendais chanter
Des anges remuant de la lumière parmi nous.

Car toi seule peut-être, ô travailleuse des destinées,
Connais le mot secret que Dieu souffla au monde,
Et voici qu'à ton image mes mains obstinées
Font le signe de la croix contre le Doute qui gronde,

Le Doute qui me retient dans la paix de ce village,
Parmi les montagnes bleues que fleurissent les étoiles,
Auprès de ton seuil où les ménagères sages
Achèteront demain, vers l'aube, leurs aunes de toile.

Adieu, ô sœur qui restes sourde à ma parole !
La route est longue qui se déroule vers le pays d'exil.
Mais grâce à toi j'irai plus fort vers les fous et les folles
Qui se blasphèment eux-mêmes dans les mauvaises villes.

Prie pour moi qui pars avec si peu d'espoir
Tisser selon ma force, sur la trame de la vie,
Des rêves de joie et des visions de victoire
Au fond des cités noires dont le ciel est banni.

Prie pour moi ! prie pour tous ! On a peur dans la nuit,
Et si ta prière ne peuplait d'anges la solitude féconde,
Il pourrait me sembler, sur cette route où je fuis,
Que Dieu lui-même a oublié notre monde.

LE RETOUR NOCTURNE

La pluie, larmes de Dieu, emplit le crépuscule
De l'Orient déjà noir où les fenêtres brûlent
A l'Occident encore rose où les cloches sonneront,
Tout à l'heure, pour rappeler les derniers tâcherons
Qui guident d'une gaule tremblante les bœufs penchés de front
Vers l'écurie où fument la litière et l'haleine
Des chevaux déjà rentrés des travaux de la plaine.

Je m'appuie de fatigue sur la crosse du bâton
Que je taillai ce matin près de la source du bois,

Et voici qu'en pleurant je prie à basse voix,
Comme les enfants qui viennent, les jours de pardon,
Joindre leurs petites mains au pied des crucifix
Dressés, signes d'espoir, sur le chemin qu'on fuit.

Car mon âme est triste, ce soir, comme celle des choses.

J'ai perdu le souvenir des rubans et des roses
Dont les belles filles ornèrent à la fête mon habit,
Et je laisse errer mes rêves, comme de tristes brebis,
Par les petits chemins creux où tintent les lourdes gouttes.
Je ne sais plus le chant qui fait courte la route,
Ni le geste qui évoque le vol des bons esprits.

Entendrai-je, ce soir, la vielle du vieux mendiant
Qui joue à l'auberge, pour qu'y dansent les amants,
La tête un peu penchée, les pieds sur les landiers,
Les airs gais du pays et ceux de mon enfance ?

L'ombre se fait plus lourde dans la pluie, et les halliers
Sont pleins de silence,et je marche avec méfiance
Comme si un assassin, les yeux et les mains rouges,
Attendait mon passage parmi les feuilles qui bougent.

Un peu plus d'ombre encore s'appesantit sur moi
Et la route est perdue.

                  Ah! le village et son auberge,
Et la rue entre les murs gris, et la fumée des toits,
Et la petite église où l'on allume les cierges,
Et la maison de mon amie qui travaille sous la lampe,
Attendant mon retour pour servir le repas
Avant les bons baisers dans le parfum des draps !

La peur, à coups de fièvre, bat soudain à mes tempes,
Et je serre d'un poing crispé la crosse de mon bâton,
Car j'ai senti sur moi l'haleine froide des démons
Qui cherchent à s'accroupir sur mon âme et ma chair.
Ils chuchotent quelque chose que je ne comprends pas,
Leurs griffes invisibles s'accrochent à mes pas,
La brume ou ils remuent rampe au ras de la terre,

Et l'on dirait que l'ombre est grosse, comme l'enfer,
De la présence, molle au toucher, de mille bêtes
Aux ongles sans pattes, aux langues sans gueule, aux yeux sans tête,
Larves qui grouillent autour de moi pour me ravir à Dieu,
Sous les ténèbres de ces cieux et dans la solitude de ces lieux
Où tout mon être, en flamme et en sang, crie déroute
Loin du cher village, loin de la bonne route !

Une cloche tinte !

         Ah ! Dieu, une cloche sonne le glas
Là-bas où doivent fumer les petits toits, là-bas !
Et voici que je sens renaître en moi la foi.
Je sais, je n'ai plus peur, je vais droit devant moi
Vers la vallée où je vois déjà les fenêtres luire,
Et où j'entendrai bientôt, rumeur de la vie, bruire
Le rire des enfants, l'appel des femmes aux hommes
A l'heure où les volets se ferment comme pour un somme,
Le tardif roulement de la dernière charrette,
Le hennissement ou le meuglement des bêtes
Qui attendent, au râtelier, la provende du soir,
La vielle du vieux mendiant, parmi les danses, à l'auberge,

Et enfin la voix de ma douce amie que je veux voir
Penchée sur son ouvrage et chantant comme une vierge,
Sans qu'elle sache que son amant fait le signe de la croix
Sur la porte de la maison où habitera notre Joie.

Chante, amie ! Je viens vers toi dans l'ombre. Prie, amie,
Au son de la cloche des morts qui m'appelle à la vie !

HIVER

LE VEILLEUR DES GRAINES

L'Hiver qui ferme les fenêtres sur les visages
Étreint de son silence l'âme frileuse du village
Dont les petites maisons s'assoupissent, portes closes,
Sous la neige qui efface le souvenir des choses.
C'est la nuit. Les hommes sont revenus en chantant
Du cabaret dont la lanterne s'est éteinte toute seule,
Et les femmes ont fini d'endormir leurs enfants
Au son des ritournelles qu'elles apprirent des aïeules.
Tous, au fond des lits, tandis que la neige tombe,
Rêvent, selon leurs ans, de berceaux ou de tombes.

Seul, le vieillard dont on a oublié l'âge,
Et qu'on voit parfois près du puits du village
Marmonnant des mots dont on ne sait plus le sens,
Guette, auprès de son âtre où couve le silence,
Les heures qui choient, lourdes comme est légère la neige,
Du haut de la tour immémoriale de l'église ;
Et lorsqu'aux douze appels de l'horloge le cortège
Des douze apôtres en bois peint, telle une frise,
A passé sous le coq rouge qui agite les ailes,
Le vieillard, endossant sa large houppelande
Et empoignant son bâton, tel un roi de légende,
Ouvre la porte de son logis aux quatre vents du ciel
Et va, comme un souvenir qui s'éveille, vers la lande
Où dorment les semences des futures moissons.

Car il est le seul au village qui se souvienne
De la promesse du soleil et de son saint mystère,
Et qui, pour que le ciel communie avec la terre,
Prie en ce plein hiver pour le destin des graines.

Traînant dans la neige la trace de ses sabots,
Il fait, furtif, des signes de croix sur les maisons

Dont il tapote les murs du bout de son bâton,
En passant, comme pour avertir des moribonds
Que le veilleur de Dieu compte les volets clos.

Mais personne, pour aller prier avec lui, ne s'éveille.

Et le voici, tête basse et les mains aux oreilles,
A cause du vent soudain qui dévoile la lune,
Sur la route où peut-être il passait avec une
Qu'il aimait, au printemps fleuri de sa jeunesse.
Mais il songe à peine à l'amante d'antan,
Celui que le seul souci de l'avenir presse ;
Et hâtant son pas malgré lui hésitant
Vers la croix du carrefour où le Christ se dresse,
Il a l'air, sous son manteau que fait battre le vent,
D'un prophète menant des peuples vers leur Dieu.

Sous le dôme enfin étoilé des cieux,
Le village n'est plus qu'un rêve à l'horizon.

★

Droit sous la croix, les bras tendus vers les labours,
Le vieillard qui veille sur le sort des moissons
Entonne, dans le désert de neige, l'oraison
Qui fera fructifier le sol aux prochains jours.

Il évoque tour à tour, selon le rythme de l'année,
La saison ensoleillée où les verts brins de blé,
Parmi les cerisiers parés comme pour l'amour,
Percent à peine les mottes que gonfle la bonne pluie,
Et celle, la plus belle, hélas! si tôt enfuie,
Où les épis, navettes d'or, tissent un voile de fête
Au front des collines mélodieuses d'alouettes,
Puis celle où, sous la lune qui argente les herbes,
Les moissonneurs, ayant lié en chantant toutes les gerbes,
Reviennent au gai village pour danser sur l'aire,
Enfin celle, la sacrée, où du sein des corbeilles
Les graines d'or tombent, brûlantes comme des abeilles,
Sur le sein ensanglanté de notre mère la Terre.

Et maintenant, c'est l'épouvantable hiver
Où les champs sont de glace sous le ciel de fer.

S'agenouillant pour que Dieu soit propice au sortilège,
Le vieillard écarte d'un geste tremblant la neige
Devant lui, comme pour échauffer de ses pauvres mains
La glèbe dure où dort l'espoir des lendemains.

Et la barbe tremblante, il prie pour le moulin
Qui moudra pour la faim de tous la bonne farine
Et pour le four plein de grillons dont le boulanger
Tirera les pains d'or pour ceux qui n'ont pas mangé.

Mais, soudain, il se dresse, terrible comme une ruine,
Car il évoque en rêve la ville de la famine
Dont les pâles habitants, esclaves de leur enceinte,
Ne connaissent même pas la face de la terre sainte.
Il voit les hommes, sombres au coin des rues, tuer
Pour ravir de quoi vivre l'espace d'un soleil;
Il voit les femmes aux douces lèvres se prostituer
Parce que le fruit d'amour ne leur fut pas vermeil;
Il voit les enfants aux fronts têtus de vieillards
Crisper leur doigts en rage contre les mauvaises étoiles.
Et têtes sur têtes, la multitude aux yeux hagards

S'écroule en houles sur le parvis du Temple dont le voile
Se déchire avec un grondement de tonnerre.
Et la ville flambe aux hurlements de la révolte,
Tours dont fondent les cloches, dômes dont brûlent les bannières,
Pour que les pauvres qui n'ont jamais joui des anciennes récoltes
Puissent enfin, fauteurs de la nouvelle histoire,
Cuire leur pain béni aux flammes de sa gloire!

Et le visionnaire, poussant un grand cri sous la croix,
Se renverse, les poings pleins de terre et de neige.

Et le matin, quand les enfants roses de froid,
Suivant ses pas sur la route, viendront en cortège
Voir qui a pu passer dans cette nuit d'effroi,
Ils trouveront le vieillard dont on a oublié l'âge
Et qui marmonnait des mots inconnus au village,
Mort, les bras en croix sous le Christ qui le veille,
Et les yeux revulsés vers le jeune soleil.

DOUTE

Ma Tristesse sanglote derrière les volets clos,
Au coin du feu, sous la lueur solitaire de la lampe,
Cette nuit sans lune où rien ne bouge dans l'enclos,
A moins qu'un vagabond de la ville n'y rampe.

Mais non, je suis bien seul avec mon rêve
Qui chante comme une salamandre parmi les flammes.
Dehors, le vent de tout ce jour a fait trêve
Pour courir sus à la ville où pleurent les femmes.

Mon cœur a presque peur de toute cette paix.
Pourtant il ne passera plus de mendiant sur la route,
Et nul malfaiteur n'est blotti sous la haie :
Mais malgré moi je songe aux villes qui crient déroute.

Passé le seuil de l'enclos, ce sont tous les chemins
Qui vont à l'encontre de l'aube ou à la suite de la nuit,
Vers les champs où sommeille l'espoir des lendemains
Et la ville où chaque maison de ses cent voix gémit.

Fermez toutes les fenêtres, fermez toutes les portes !
Il fait tant de silence ici que j'entends, en ma vigile,
Le cri du grillon et la marche des cohortes,
La prière des champs comme le blasphème des villes.

O mon Dieu, je m'agenouille au coin du feu,
Et j'ose vous demander où est mon vrai devoir :
Est-ce ici dans la joie de votre création, ô Dieu,
Ou là-bas dans la ville où le soleil est noir ?

Mon Dieu, veuillez enfin que j'aie la foi,

Malgré que je sois, vous le savez, impur et vil,

Et peut-être dans ma solitude entendrai-je votre voix

Me dire s'il faut rester aux champs ou aller vers la ville.

LE SECRET

Mon âme s'est réfugiée dans l'église noire des pins,
Une heure de cette journée où le monde m'a fait mal.
Le vent chantait sur le mont et dans le val,
Voix même de la terre qui découvre à tous son sein,
Comme une mère à qui ses enfants peuvent confier leur peine.

Et je lui ai dit : « Terre qui berces les générations vaines
De ta voix qui ne s'est jamais tue au fond des bois,
Je viens après tant d'autres, hélas ! chercher en toi

Je ne sais quelle réponse refusée à ma foi
Et demander, mendiant enfui des villes, à tes forêts
Éternellement remuantes sur les sommets
Ce qu'elles veulent me révéler de leur antique secret. »

Et la Terre, par les voix innombrables de ses arbres,
Comme l'oracle parmi les chênes de Dodone et les marbres,
M'a répondu : « Le secret que te cache le Sort
Est celui de toutes ces feuilles éparses au vent : la Mort! »

LA VILLE

O Ville, la pluie glisse sur tes toits lisses, ou la neige
Fait le silence à doux flocons dans tes rues, ou bien le vent,
Maître léger des nuages au troupeau mouvant,
Couvre d'ombre ou de soleil tes places pleines de cortèges.

Tout change en toi. Tes portes s'ouvrent sur des cimetières
Et ton enceinte se ferme sur ceux qui dansent en rond.
Tour à tour, sur tes palais aux antiques frontons,
Tes drapeaux furent blancs ou rouges selon tes colères.

Tu lances l'appel aérien de tes cloches vers Dieu,
Puis tu vomis, courtisane accroupie, ton sang
Dans le fleuve qui, des glaciers verts, roule vers l'Océan bleu.

Tout change en toi comme en un rêve mortel,
Tout, sauf la plainte incessante des innocents
Qui meurent à ta vie sous la flamme de tes autels.

A UNE PROSTITUÉE

O pauvre femme à la bouche sanglante
Qui chantais des chansons d'enfer
Dans la neige crépusculaire de cet hiver
Où je suivais ta promenade lente
Par les rues de la ville solitaire !

O pauvre femme à la marche sanglante
Que j'ai peut-être, sans le savoir, tuée,
Quoique tu fusses la prostituée
Dont la chevelure, aux temps qui ne sont plus,
A séché les pieds nus de Jésus !

O pauvre femme à la poitrine sanglante,
Trois fois douloureuse avec tes mains
Pleines des fleurs pâles de la nuit,
Et tes yeux morts aux lendemains,
Et tes pieds las que l'innocence fuit !

O pauvre femme à la vie sanglante
Dont le souvenir en moi est rouge
Comme les roses et les lampes des bouges
Où ton âme brûlait comme ton corps
Pour un peu d'amour et un peu d'or !

O pauvre femme tout entière sanglante
Qui m'appelles du passé de mes jours
Comme jadis de l'ombre des portes,
Es-tu toujours folle de trop d'amour,
Où es-tu morte ? où es-tu morte?

N'es-tu plus la pauvre femme sanglante
Dont je suivais les pas en cet hiver,
Chien du désir après ta chair,
Et serais-tu, ressuscitée, la sainte
Qui chante en la céleste enceinte?

N'es-tu plus, ô pauvre femme, sanglante
Que de la rosée des plaies de Jésus,
Comme ta sœur Madeleine-Marie
Que tu priais, lasse du tumulte de la rue,
Sous les vitraux des églises fleuries ?

Ainsi soit-il, pauvre femme sanglante,
Qu'une sœur, qui sait ta noire histoire, pleure,
Ce soir de brises légères et de fleurs,
Comme si elle voulait par un chaste marché,
Porter à Dieu le poids de tes péchés !

ATTENTE

Si c'est pour me faire croire à la vie
Que tu viens à ce triste séjour,
Prends la clef d'or, et, les marches gravies,
Ouvre la porte aux pas de ton amour.

Si c'est pour me faire croire à la mort,
Prends parmi tes clefs celle de fer,
Et ferme les fenêtres à l'aurore
Dans la chambre pleine des ténèbres d'hier.

Qu'importe la vie à mon âme ou la mort,
Pourvu que ce soit toi que j'accueille,
Geôlière dont la clef de fer ou d'or
Violera le secret silencieux de mon seuil ?

Mais pourquoi ces paroles dans la solitude,
O toi qui ne viendras peut-être jamais
M'éveiller de la voix douce ou rude
Selon que sonnera la cloche des destinées !

La neige a suivi les oiseaux sur le toit,
Et seul habitant de la triste masure,
J'attends toujours la détresse ou la joie
De tes clefs inconnues dans la serrure.

A UNE JEUNE FILLE

Vous êtes venue, ingénue, avec vos yeux doux
Parmi nous, hommes solitaires de cet hiver
Où le froid givrait au bois les feuilles du houx.

Nous avions oublié, trop vieux ou trop fiers,
La jeunesse, et son rire à peine mûr sur les lèvres,
Et sa petite peur qui ne sait quel geste faire.

Nous aimions, nous aimons, passé les fièvres,
Nos compagnes dont l'étreinte, dans la nôtre, est forte,
Comme ne l'est pas celle des amantes mièvres.

12.

Mais vous nous avez appris, d'innocente sorte,
A vous aimer aussi, comme une petite sœur
A qui l'on vole un baiser avant d'ouvrir une porte.

Jeune fille, vous souvenez-vous de la douceur
De cet air vieillot que vous jouiez le soir,
Avant qu'on éclairât de lampes les sombres heures ?

Ah ! mon âme revole vers le jardin noir
Où j'écoutais, sous le lierre de la fenêtre, la voix
De la jolie amie que nous voudrions tant revoir !

Amie, votre voix et le jeu de vos doigts
Sur le clavier tremblant, et, ô amie, vos yeux
Qui chantaient à nos cœurs comme votre voix !

Depuis votre absence nous avons perdu les cieux,
Et le vent souffle rudement parmi les houx
De la forêt pleurant sous les nuages pluvieux.

Que votre souvenir, amie, ait pitié de nous !
Nous avons appris et compris votre leçon
Que nous répétons, les soirs de silence, à genoux.

Cette leçon est celle qu'au milieu des moissons
Jésus enseignait aux enfants et aux femmes
Et aux hommes assez forts pour le suivre sans soupçon.

« Aimez-vous les uns les autres ! » Et dans nos âmes
Sonnent toutes les cloches légères des Pâques fleuries,
Et des marguerites, vos fleurs, éclosent parmi les flammes.

Vous nous avez montré, sœur d'une autre patrie,
De votre geste innocent qui brise tant de chaînes,
La route de ce monde meilleur où les anges prient
Pour les pauvres hommes qui ne savent s'aimer entre eux sans haine.

EXHORTATION

Pour avoir voulu, ô mon âme affolée,
Monter vers Dieu par l'arc-en-ciel,
Tu pleures au fond de la vallée
Dont les abeilles butinèrent tout le miel.

Le crépuscule brûle les montagnes
Que les forts gravissent vers les astres
Malgré la foudre qui les accompagne
Et les présages de mille désastres.

Toi, prendras-tu le rude bâton
Avec le geste qui se soumet,
Et suivras-tu, dans l'espoir du guerdon,
La route de glace qui monte aux sommets?

L'arc-en-ciel s'est éteint comme un rêve,
Et voici choir les lourdes ténèbres.
Il est temps, avant que ne gèle ta sève,
De t'évader de l'impasse funèbre.

Le veux-tu, ton salut, ô mon âme affolée
Qu'accable une soudaine somnolence ?
Prie, et lève-toi, car sur la vallée
S'abat le suaire du silence.

A LA MER

O Mer qui déroules le tumulte éternel de tes vagues
Depuis la nuit qui couve, au Nord, les neiges stériles
Jusqu'aux cieux bleus où tu chantes, câline, autour des îles,
Les hommes qui t'aiment trop t'ont jeté chaînes et bagues !

Ils t'ont livré leurs rêves de fer et d'or, cargaison
Des navires nostalgiques qui sombrent dans le soleil.
Et les femmes ont tendu vers toi leurs bras vermeils
Quand tu crachais ton écume jusqu'au seuil des maisons.

Mer qui ne veux obéir qu'aux vents et à la lune,
Et qui rugis d'espoir quand les veilleurs des phares voient,
Sous les éclairs, la face pâle des matelots parmi les hunes,

O Mer qui berças l'enfance de mes ancêtres,
Je ne puis te donner, n'étant pas, comme eux, ton maître,
Que ce coquillage creux où tonne, lointaine, ta voix !

CRÉPUSCULE

Les cloches sonnent dans la pluie,
La nuit tombe sur la mer,
L'année à petits jours s'enfuit
Dans un bruit de vagues et de fer.

Les rideaux voilent les fenêtres
L'une après l'autre, au village ;
C'est l'heure, près de l'âtre, du bien-être
Et de la prière des enfants sages.

O ma sœur, qu'avons-nous fait,
Nous deux que la Joie couronne,
Pour mériter la grâce de l'été
Et l'indulgence de l'automne?

Nous avons effeuillé sur la mer
Les fleurs de la guirlande des jours,
Sans même penser à l'hiver
Qui fait peur aux fausses amours.

Viens, que je lise dans tes yeux
Le secret de tant de bonheur;
J'y trouverai peut-être mieux
Les mots qui sont chers à ton cœur,

Et nous n'entendrons plus ce soir
Le son des cloches dans la pluie,
Et nous ne verrons plus aux miroirs
La face pâle de l'année qui fuit.

NUIT DE TEMPÊTE

Mon âme, ô mon amie, est si triste cette nuit
Que je voudrais entendre des mots mélodieux comme la mer
Qui balance les barques dans le bon port aux quais de pierre
Où la tempête enfin s'apaise dans la pluie et la nuit.

J'ai vu trop de peuples passer dans trop de pays,
Et trop de villes s'allumer au fond du crépuscule !
Redis-moi, comme si j'étais un enfant crédule,
La chanson du petit mousse revenu au pays.

Il fait du vent sur la mer, et la maison est noire,
Et mes rêves regardent aux fenêtres comme des fantômes,
Sans reconnaître la place de l'église d'où les chanteurs de psaumes
Sont partis, sous l'aube verte, bénir les bateaux noirs.

Ma peine est ancienne, plus que la tienne, amie,
Qui pleure de me sentir pleurer si près de toi.
Elle est ancienne, ma peine, et l'ombre est pleine de voix
Qui me chantent un secret que je n'ose te dire, amie.

Il fait du vent sur la mer, et nul navire
Ne partira cette nuit, les flancs gros de prières,
Porter la charité du verbe et de la lumière
Aux habitants des îles qui attendent les navires.

Écoute ; les cloches sonnent de village en village
Le long de la côte tragique où ont pleuré les veuves !
Se peut-il que mon âme à moitié morte s'émeuve
Comme les femmes qui s'agenouillent vers la mer dans les villages ?

O voix des cloches qu'éparpille au loin le vent,
Vous sonnez, au fond de la maison, lointaines et étranges
Comme l'éclat des trompettes à la bouche des anges
Qui luttent, dans les nuages, contre la force des vents !

A genoux, amie ! Prions contre la tempête sur la mer
Et l'épouvante qui rôde et râle dans les coins d'ombre,
Et ma peine ancienne, et la tienne, et l'heure sombre,
Et contre la fin du monde ! — Il fait du vent sur la mer !

NOEL

Noëls des anciens temps, hymnes d'or dans la nuit,
Verrières empourprant la neige de la lande,
Bergers chantant, chacun droit sous sa houppelande
Dans le bercail où les troupeaux dorment sans bruit ;

De village à village, alors que l'ombre luit,
Les sabots des bambins allant, serrés en bande,
Quêter à chaque seuil le pain, le vin, la viande,
Pour donner à manger au vagabond qui fuit ;

Légendes dont est claire et sonore mon âme,
L'hiver brûlant d'amour, les frimas et la flamme,
Tout le ciel annonçant à la terre Jésus,

Vous n'êtes que rumeurs et rêves sur la route
Pour les veilleurs dressés vers les astres déçus
Qui virent tant de dieux mourir de notre doute !

LA MAISON DE LA VIEILLE

Le crépuscule. La petite maison sous la neige
S'assoupissait, porte et volets bien clos,
Laissant à peine, à cette heure des sortilèges,
Glisser, vers celui qui vient mal à propos
Par la route déserte où croassent les corbeaux,
Une lueur méfiante par le trou de sa serrure.

Comme nous passions, le visage mordu par la froidure
Et les doigts bleuis entre les dents, nous vîmes,

De travers dans la neige, des traces de pas traînés
De la forêt jusqu'à la maison où une victime
Semblait avoir saigné.

                     Près de la porte, abandonnés,
Deux sabots noirs attendaient la sortie
De la vieille à qui nous parlions, l'automne, au bois,
Quand elle cherchait des escargots dans les orties.

Nous voulûmes frapper à la porte. Mais, sans voix,
Et tremblant un peu — ce ne fut pas seulement de froid, —
Nous nous arrêtâmes devant le seuil de pierre
Où les deux sabots semblaient vouloir chausser la Mort
Qui vient parfois, quand les vieilles disent leurs prières,
Regarder par le trou de la serrure des chaumières.

Pourtant nous savions malgré notre malaise
Que la bonne vieille au coin du feu, dans sa grande chaise,
Se dodinait, écoutant chanter la soupe aux choux,

Entre sa chienne pelée et son maigre matou,
Et que bientôt, tirant les courtines rouges du lit,
Elle se coucherait sans savoir si cette nuit
Serait sa dernière sur cette terre qui lui fut dure.

La lumière filtrait, comme du sang, par la serrure.

Et nous partîmes sans dire un mot, vers le village
Où les buveurs chantaient déjà autour des pots,
Ayant eu peur de la porte close et des sabots,
Arrêtés sur le seuil, comme au terme d'un voyage.

LES POINGS A LA PORTE

La neige, comme le regret qu'on a pour une morte,
Assourdit sur la route tous les bruits de la vie.
A peine la brise parfois soulève-t-elle
Les linceuls du souvenir dans le jardin où gèle
L'eau lourde des fontaines. C'est l'heure du silence
Où les chiens ont cessé de hurler à la nuit
Au fond des fermes dont nulle fenêtre ne luit.
Et les dernières fileuses du village sont couchées,
Chastes et s'étant dévêtues devant la Vierge Marie,
Après avoir prié pour leurs légers péchés.

Ici la lampe baisse avec mon espérance.

Je veille seul parmi les esclaves du sommeil,

Et j'ose à peine penser au prochain soleil,

Tant je me sens mourir à force de souffrance.

Sur le mur reluisent une épée et une lance,

Armes vaines à ma main que le rêve a faiblie ;

La coupe est vide où je bus un passager oubli,

Quand la neige n'étouffait pas la mémoire des années ;

Et l'horloge s'est tue à force d'avoir sonné

Le passage des heures à mon indifférence.

Entends-tu tous ces poings qui frappent à la porte ?

Ce sont peut-être, chantant à voix forte,

Les amis qui ont quitté, la lanterne à la main,

Pour venir voir celui qui veille sur les livres,

L'auberge aux chambres chaudes du village voisin.

Leurs houppelandes doivent être blanches de givre

Comme celles des bergers à l'aube de Noël,

Et dans leurs bras ils doivent porter des branches de houx

Pour en verdir, dans cette saison des loups,
Ma fenêtre aux volets clos et mon seuil jaloux
Dont j'ai banni la Folie qui me fut trop belle.

Si ce sont les amis, je n'ouvrirai pas
La porte de ma paix au tumulte de leurs pas.
Car, ô mon âme, tu es lasse des chants et des danses
Et du rire des violons parmi les ténèbres ;
Il est l'heure de prier près de la cendre funèbre
Où le cri nocturne du grillon commence.
Laisse donc s'éloigner toute cette joie futile
Qui trépigne des pieds et agite les mains
Dans la neige. Le silence et la solitude soient-ils
A celui qui rêve seul aux destins de demain !

Entends-tu tous ces poings qui frappent à la porte ?

Ce sont peut-être, rôdant de male sorte,
Pieds nus dans leurs sabots, couteau clair au poing,

Les vagabonds au chapeau rabattu sur les yeux
Qui attendent le voyageur hésitant au coin
De la forêt où des croix marquent les mauvais lieux.
Ils viennent quémander, quand le soleil est loin,
La miche de pain rassis et le pichet de vin sur
A la femme furtive et au vieillard lourd
 Qui écoutent, sans oser crier au secours,
Leur haleine qui souffle au trou de la serrure.

Si ce sont eux, je rallumerai la flamme du foyer
Pour que s'y chauffent les pauvres que personne n'a choyés,
Et la porte ouverte à leur soif et à leur faim,
Je leur verserai le vin et je leur briserai le pain
Jusqu'à ce que les huches soient vides et les verres pleins.
Puis je leur dirai : « Allez et laissez à sa paix
Celui qui a eu pitié de vous et qui pleure
Sur le destin des vôtres qu'un Dieu fou a frappés ;
Et si vous m'aimez un peu pour ce peu de bonheur,
Laissez sur mon seuil, au printemps, quelques fleurs. »

Entends-tu tous ces poings qui frappent à la porte ?

13.

C'est peut-être Celui qui vient vêtu de blanc,
Suivi comme un pasteur par l'innombrable cohorte
Des estropiés, des malades, des fous et des enfants,
Me sommer de le suivre sur la route sans fin
Vers les villes qu'on ne voit pas encore à l'horizon.
Il fait dans la nuit le geste immense du pardon
En ouvrant vers le ciel le double éclair de ses mains,
Et l'on ne sait si ceux qui baisent sa robe de lin
Chantent de toutes leurs voix ou pleurent de tous leurs yeux,
Tant leurs regards sont tristes et leurs hymnes joyeux.

Si c'est lui, je prendrai le bâton de voyage,
La coupe pour ma soif, la besace pour ma faim,
Et confondant dans la neige mes pas de pèlerin
Avec ceux des multitudes sans nombre et sans âge
Qui suivent le Rédempteur vers des destins meilleurs,
J'irai, heureux enfin de croire à mon âme,
Sous le signe céleste de ténèbres et de flammes
Qui annonce la mort ou la vie aux veilleurs,
Détruire, pour les rebâtir, les remparts trop vieux
Où se déferleront demain les étendards de Dieu !

Entends-tu tous ces poings qui frappent à la porte ?

TABLE

PRINTEMPS

ÉTÉ

AUTOMNE

TABLE   215

HIVER

ACHEVÉ D'IMPRIMER

Le huit février mille neuf cent

PAR

BLAIS ET ROY

A POITIERS

pour le

MERCVRE

DE

FRANCE

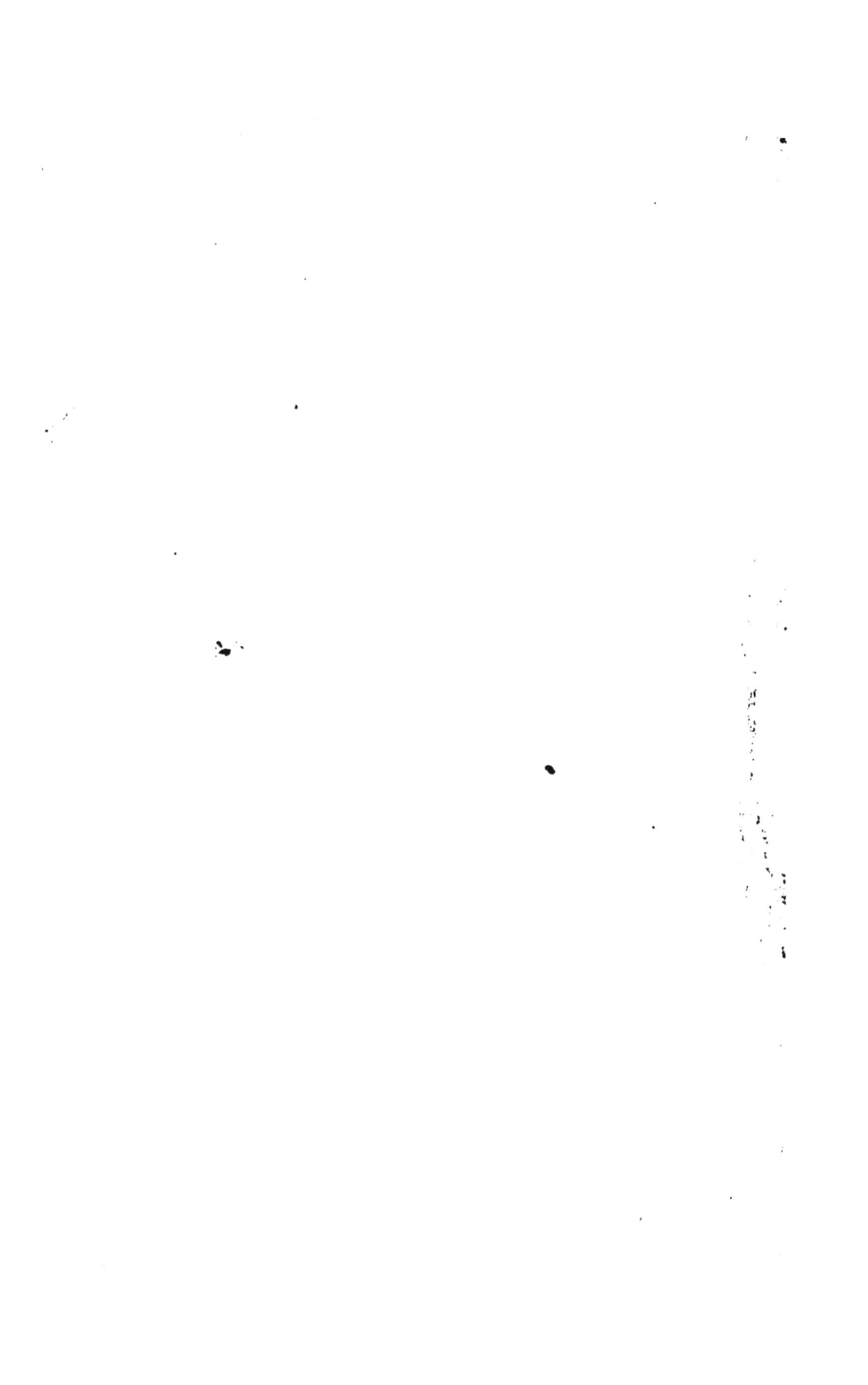

MERCVRE DE FRANCE

XV, RVE DE L'ÉCHAVDÉ. — PARIS

paraît tous les mois en livraisons de 300 pages, et forme dans l'année 4 volumes in-8, avec tables.

Rédacteur en chef : ALFRED VALLETTE

Littérature, Poésie. Théâtre, Musique, Peinture. Sculpture, Philosophie, Histoire, Sociologie. Sciences, Voyages, Bibliophilie, Sciences occultes, Critique. Littératures étrangères, Portraits, Dessins et Vignettes originaux.

REVUE DU MOIS

Épilogues (actualité) : Remy de Gourmont.
Les Poèmes : Pierre Quillard.
Les Romans : Rachilde.
Théâtre (publié) : Louis Dumur.
Littérature : Robert de Souza.
Histoire, Sociologie : Marcel Collière.
Philosophie : Louis Weber.
Psychologie : Gaston Danville.
Science sociale : Henri Mazel.
Questions morales et religieuses : Victor Charbonnel.
Sciences : Dr Albert Prieur.
Méthodes : Valéry.
Archéologie, Voyages. Charles Merki.
Romania, Folklore : J. Drexelius.
Bibliophilie, Histoire de l'Art : R. de Bury.
Ésotérisme et Spiritisme : Jacques Brieu.
Chronique universitaire : L. Bélugou.
Les Revues : Charles-Henry Hirsch.
Les Journaux : R. de Bury.
Les Théâtres : A.-Ferdinand Herold.
Musique : Pierre de Bréville.

Art moderne : André Fontainas.
Art ancien : Virgile Josz.
Publications d'art : Y. Rambosson.
Le Meuble et la Maison : Les XIII.
Chronique du Midi : Jean Carrère.
Chronique de Bruxelles : G. Eekhoud.
Lettres allemandes : Henri Albert.
Lettres anglaises : Henry.-D. Davray.
Lettres italiennes : Luciano Zuccoli.
Lettres espagnoles : Ephrem Vincent.
Lettres portugaises : Philéas Lebesgue.
Lettres brésiliennes : Xavier de Carvalho.
Lettres latino-américaines : Pedro Emilio Coll.
Lettres russes : Zinaïda Wenguerow.
Lettres polonaises : Jan Lorentowicz
Lettres néerlandaises : A. Cohen.
Lettres scandinaves : Peer Eketræ.
Lettres hongroises : Zrinyi János.
Lettres tchèques : Jean Rowalski.
Variétés : X...
Publications récentes : Mercure.
Échos : Mercure.

PRIX DU NUMÉRO

France : 2 fr. » | **Étranger : 2 fr. 25**

(*Les Nos anciens se vendent au même prix que les nouveaux.*)

ABONNEMENT

France		Étranger	
UN AN.............	**20** fr.	UN AN.............	**24** fr.
SIX MOIS...........	**11** »	SIX MOIS...........	**13** »
TROIS MOIS.........	**6** »	TROIS MOIS.........	**7** »

On s'abonne **sans frais** dans tous les bureaux de poste en France (Algérie et Corse comprises) et dans les pays suivants : Belgique, Danemark, Italie, Norvège, Pays-Bas, Portugal, Suède, Suisse.

Poitiers. — Imprimerie du Mercure de France, BLAIS et ROY, 7, rue Victor-Hugo.

www.ingramcontent.com/pod-product-compliance
Lightning Source LLC
Chambersburg PA
CBHW070601100426
42744CB00006B/366